南太平洋の
ゆる〜り子育て
体験記

子連れ南の島暮らし

もんでん奈津代

人文書院

島の日常はそのまんま、子どもたちの遊園地。
ツバルにて。

島の子どもたちと海で遊ぶ娘・夢さん。ツバル・バイツプ島にて。

大人たちが豚をさばく周りで、子どもたちは「肺」を風船にして遊ぶ……！

ツバルの主食・プラカ芋の畑にて。芋の茎に切り込みを入れると、パカーン、パカーンと打楽器に。

雨が降ると
子どもたちは大喜びで
外に飛び出す

木に登る。葉でメガネや指輪、かざぐるま。葉芯をつかんでひっぱるとシュルッと椰子の葉鉄砲。
暮らしに欠かせない椰子の木は、子どもたちの遊びにも欠かせない。

サモアの伝統・壁のない家。

こちらはツバルの壁のない家、高床式。夢さんは家の周りの掃除が好きになった。

毎朝暗いうちから、男たちは自分のボートで漁に出る。
サワラ、マグロ、カツオ……、どんどん釣れる。

島の学校は朝10時にごはん。
近所の母親たちが夢さんの世
話もしてくれた。(p.141)

森でココナツ（椰子の実）
拾い。子どもたちも大活躍。
ツバル・バイツプ島にて。

ツバル離島にも、輸入木材が入ってくる。ナヌマンガ島にて。

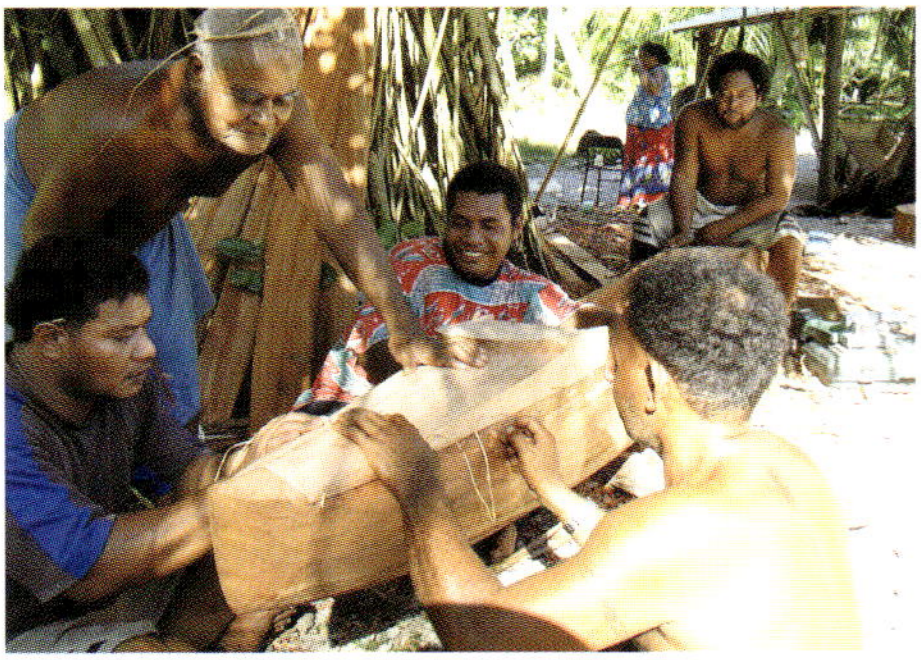

オシエじいちゃんがカヌーの作り方を教える。(p.119)

毎朝、毎夕、タリアは椰子の木を切って樹液「カレヴェ」をとる。(p.97)

「椰子の葉のかごを編むと、腰が痛むよ」リセはよくぼやいていた。

夕方４時、店の勤めを終えたクルアキは、椰子の葉を編んだ肥料をかついで、プラカ芋畑に向かう。（p.119）

マロソーばあちゃんがキエの葉を打つ。これがござ編みの材料になる。（p.190）

屋根を葺くためのファラ（パンダナスの一種）の葉は、まず力をこめてしごく。（p.190）

ツバルでいちばん高貴な花といわれる「ティアレ」。この花冠の香りには、周りの人までほうっと酔う。（p.111）

夢さんも、花冠を編むのが大好き。（p.217）

花冠（はなかんむり）の島

「香りを、摘みにいこうか」

ツバル離島の森で仕事をしていると、おんなたちはふっと手を休めてこう言う。「香り」とは、花冠にするための花のこと。

熱帯の小さな島では、一年じゅう、髪を飾るあらゆる花々が咲き誇っている。それぞれに個性的な香りをはなつ。薄ピンクやクリーム色の、生き生きとしたプアフィティ、黄色くてかわいいニキライライ、ミントのようなさわやかなアロアロ、赤紫色で清楚なリトプア……。

祭りの装いにはもちろんだけど、なんでもないときにも花冠を編む。暮らしを香りで彩るのだという。

ナヌマンガ島でテアギナおばと一緒にプラカ芋畑に行く。テアギナは、茂みに咲いている白いプアフィティが香っているのを見つけては、そっと摘んで、椰子の幼葉に包む。その後、またプラカ芋畑で泥だらけになり、豚の世話をして汗だくになり、焚き木を拾い、家に帰ってござ編みをして……。いつものように夜10時まで働きつづける。

月を見あげ、「そろそろ、今晩はこれで終わりにしようか」とわたしに笑いかけると、おもむろに包んであった花たちを広げる。それからゆっくり、花冠を編みはじめるのだ。

「わたしはねぇ、こんな忙しい毎日でも、こうやって花冠を編む時間が、好きなんだよ……」。そう言って一つひとつ、つまみあげる花たちを優しく見つめるテアギナの瞳は、この小さな島に暮らす人たちの美しさを凝縮したように輝いていた。

翌朝五時半、リヤカーを押して森の豚小屋に出かけるテアギナの頭は、香りがふわりと踊る花冠で飾られていた。寝床の横には、わたしのぶんの花冠がそっとかけられていた。

子連れ 南の島暮らし

目次

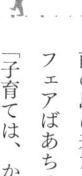

第四章　いつか島が、変わり果てても　157

第五章　南の島の愛情を日本にも　199

第一章　さらば！　三歳児神話

自分の家、というほら穴で産む。

「ううううっおおぉおぉおっー！」

わたしの全身が、地底マグマとなって、宇宙の果てまですっ飛んでいく。

痛い、という種類のものとはまったく別物だ。

自分の底が地響きをたてて、メキメキと裏返る。助産婦さんの指導で呼吸法を練習していたのに……！　すべてがすっ飛んだ。爆発した。

このときわたしにしがみつかれていた彼は、あばら骨がバキバキと壊れるかと思ったそうだ。でもとうのわたしは、何も覚えていない。

からだは勝手に、何かをしていた。すっかり、動物になっていた。ほら穴のまっくら闇のなかで出産する一頭のクマ、そのものだ――。

「出てきはりましたよ。もう大丈夫ですよ」

助産婦さんの声で、溶岩がさぁっと冷えるように我にかえった。

二〇〇〇年六月一三日、午後三時二五分。

初めて、ヒトを産んだ。家で産んだ。

出てきた人の――、な、なんと小さくてクチャクチャしていること！　子どものとき大切にしていたお人形より小さい。それに血まみれで赤紫。「ふゃゃぁ、ふゃゃぁ」という声がまた、びっくりするほど細くって頼りない。テレビのドラマなんかじゃ、生まれたときの赤ん坊の声はもっと元気いっぱいなのに。

この四年後に、南太平洋のツバルの島に滞在して、近所の生まれたての赤ん坊を何度か見ることになる。けれどもこのときは。日本の街なかで生まれ育ったわたしにとって、ホンモノの生まれてすぐの人間を見るのは初めてのことだった。

この小さいヒトをおっぱいまで抱きかかえてみる。

すると小さなちいさなくちびるはすぐ乳首を見つけて、ちゅう、ちゅうと吸う。乳首がキラキラとときめいた。けれどもその力はとても小さくて、その弱さに、ドキドキした。たしかに、生きている。この存在は、声をたて、くちゃくちゃの顔を動かして、おっぱいに吸いついている。けれども、ふっと気をぬくと、はかなく消えてしまいそうだ。アリをうっかり踏み潰すように。

このヒトが、その辺を走りまわっている子どものように、でんと存在感のある「にんげん」

になるまで、生かして、守るのは――このわたししかいない。

すべてをかけよう。この人が生きのびるために、無事に、幸せに、育っていくために、わたしのエネルギーをすべてそそぎこもう――。

そう思った瞬間、この腕のなかの小さな存在が、光になって黄金に輝いた。

このときは、三ヶ月後に突入するドロ沼のような精神状態のことは、予想だにしていなかった。

子ども産むより、南の島！

わたしのこの妊娠は、じつは計画外の妊娠でした。

わたしは、はやく日本を出ようと決めていた。それまで、日本で家族なんて持たないと決めていたのだ――。

六年前に初めて海外に出た。

それまでのわたしは、日本のなかで「天職」を探して、会社をわたり歩いていた。商品企

フィリピン・パラワン島で迎えてくれた人びと。

画、広告企画、英語塾。ところがどこに行っても「よし、ここで一〇年修業をするぞ」という気持ちになれない違和感に悩んだ。そんなとき、英語教師仲間からバックパックの旅の楽しさを語られ、ふっと「次の休みに行ってみようかな」――。

行ったのは、タイのピーピー島。島がいいな、という以外は実際、どこでもよかったのだ。

当時のピーピー島は観光化の過渡期。島で出会ったおばちゃんたちがカラオケに誘ってくれた。隣りにぴったりとくっついて座ったおばちゃんは、人が歌っているのを楽しそうに眺めながら、わたしの手を自分の膝の上に置いてしっかり握り、ぽぉんぽぉんと拍子をとる。その手のあたたかかったこと。そしてカラオケも食事もおごってくれた。

道で会ったわたしに「食べてみる？」と運んでいたお皿の料理をさしだした姉ちゃん。なんの報酬も求めずに、客のいないバスで街なかをドライブに連れていってくれた、空港バスの兄ちゃん。道を聞いたら案内してくれ、家に招待してごちそうしてくれた人。日本ではやく天職を見つけたい、海外旅行なんちゅうナンパな遊びはそれからだ、と思っていたわたし。そのすべてが、この旅でドゴーン！　とひっくり返った。世界には、こんなに優しい人たちがいる。日本の街なかでは知らなかった、人間と人間の距離の近さ。こんなに心の底からほっとすることが、こんな安らぎが、初めて会った人たちとの触れあいで生まれるなんて。


それからは一転、仕事より「海外」にとり憑かれてしまった。

お金を貯めては超格安航空券で、フィリピン、ネパール、インドネシア。

どこへ行っても、人びとはあったかかった。お金やオンナ狙いの変なヤツももちろんいるけど、そういったのは、失敗しつつかわす術《すべ》を学んでいった。状況や相手の目を見て、動物的カンを働かせる。そうしていれば、本当に優しい人たちに、たくさん、たくさん、めぐり合えた。

くわえて、海。

明るい青い海は、何時間見ていても飽きなかった。海はただその波の声を聴いているだけで、自分のなかのいちばん深い宇宙に戻れる。

「ここが、わたしの居場所だ」

真っ青な海と椰子の木々が目の前に広がる島では、どこでもそう感じた。

「日本を出て、南の島に住みたい」

いつしか強烈にそう思うようになったのは、わたしにとってごく自然な流れだったのだ。

恋という落とし穴

ところが。日本で恋というワナが待っていようとは。

好きになってしまったのは、南の島のオトコではなく、日本のオトコだった。好きになる前に南に移住できてりゃよかったのに、人生そうはいかなかった。

ソロモン諸島にいたとき、日本にいる彼が恋しくなってラブレターを送った。

「わたしの居場所を、わたしの夢を、見て」地球の反対側に彼を誘ったのだ。

なんと彼は来てくれた。外国人を見たこともない人びとが多いへき地、ソロモン諸島マライタ島・タクワ村に。カヌーを手で漕いで向かいの海辺に行くのがトイレの習慣である、そんな村。そこで彼は淡々とカヌーを漕いでくれた。

こいつは脈アリ！――とわたしは勝手にふんだ。

いつか移り住みたい南の島が決まったとき、この人なら一緒に来てくれる。来てくれないなら、そんとき別れたらいいや。とにかく、すごく好きになっちゃった――。

帰国すると、彼は東京の借家をたたんでわたしが住んでいた京都に来てくれた。ときどき東京に土木の出稼ぎに行きながらわたしと一緒に住む。本当におおらかでこだわりがない。そんなところも好きだった。

「でも子どもを持つと南の島に行くのがたいへんになるから、日本では子どもはなしね」

「はぁ、まぁそんでいいよ」

南の島をめざしつつ、京都で始めたシアワセ生活。

しかし、いや、甘かった。彼もやっぱりオトコだった。オスだったのだ。

避妊に対する意識が低いことで、なんども口論した。

「まぁ、今日はだいじょうぶやろ」コンドームをつけたがらない。

そして、つねにチェックの厳しかったわたしも、ある夜、半分眠っていてうっかりした。ついに失敗してしまったのだ。

ああ、なんとよくあるパターン――。しかしわたしにとっては大事件だった。そしてそれ以後、彼や、同じように自分勝手な日本の男どもに憤激し、悶《もだ》え苦しむこととなったのです。けれども、おなかに来てしまったこの存在。あなたは、産もう。そう決めた。

妊娠期のわたしの精神的な分裂は、そりゃあもう大変なものだった。毎日おなかを「いとしい、いとしい」となでながら、その元である彼には怒り狂って悪口雑言。

ああ、彼の、ほよよぉ～んとしたおおらかさが大好きだったのに。あらんことかそのおおらかさで、わたしの海外移住計画を悪意なく踏みつけた。何より大切にしていることが、ほよよぉ～んと無視されたのだ。その真っ黒い恨みがわたしのなかでドロドロと渦になっていた。

くやしいことには、それでも、彼が好きだった。ハプニングによってこのおなかにいるのはまぎれもなく、わたしと、彼をまぜて溶かした人間。

そしてこのおなかのなかの人間は、わたしを母として必要としている。ああ、もうわたしの人生はわたしだけのものじゃない。

——じゃ、南の島へ行くという夢は——？　行きたい。行きたいよ。

どうしよう。どうしようもない。とにかく、しばらくは我慢するしかないじゃないか。

「三歳までは、母親が」って？

そうして産んだ、この腕のなかの、光輝く存在。

名前は、彼はまったく思いつかなかったので、わたしが命名して「夢菜」。わたしにとって生きていくうえで大切なものは夢。この小さな人も、自分の夢を大切に、決してあきらめずに生きてほしいと願ってつけた。


ある親戚が言った。

「三年は母親がしっかりそばについてあげるものよ。とにかく自分のことより子どもだよ」

友だちは言った。

「子どもを産んで三年間は、母親にとっては人生修行やって言うもんね」

母親になるとかならず、あちこちからささやかれる「三歳までは」という言葉。いわゆる

「三歳児神話」である。

わたしも、初めての子育て体験だ。「へぇ、育児って、そんなに大変なんだ……」と緊張して聞いた。よし、若いときの三年なんてすぐだ。南の島についてはそれからまた、考えよう。

最初の三ヶ月ほどは、母と子の美しい蜜月。この赤紫色の異星人は、地球人とは次元の違う声でふやぁ、ふやぁと泣く。おっぱいをあげると、少し眠る。またすぐ泣く。あわてておっぱい。

子どものとき、弱った子猫を拾ってきて毛布であたためたけど、次の日には死んでしまった。ひよこも何度も弱って死んでいった。愛情が足りなかったんだろうか？　子どものわたしは、そのたびに泣いた。

この異星人は、死なせるものか。ただそれだけの毎日だった。

生まれて一ヶ月目の日記。

「いっぱい乳首くわえさせよう。たくさん抱きしめよう。このヒトの人生にとっていちばん大切なこの時期を、あふれる愛情でいっぱいにしよう」

ところが――。どれだけ愛情があっても、昼も夜も二時間以上続けて眠れない暮らしなんて、ずっと続くわけがない。三ヶ月もたったころ、わたしの体力と気力は限界に達した。そのころの日記。

「フラフラ。眠たい。腰イタイ。大切な、たいせつなこのヒト。いとしい。できるかぎり、泣かせたくない。でも、大切なばかりに、神経とがらせて疲れきったわたし」

三年どころか、三ヶ月でもう、耐えられない……！

タイで、フィリピンで、バリ島で、ソロモン諸島で生を謳歌したわたし。いまや航空券を買うどころか働くことさえできず、この四畳半に赤ん坊と閉じこもってる。こんなはずじゃあなかったのに。けれどもそんなことは誰にも言えない。だってそれじゃあ、わが子をうっとうしがっているようじゃないか。

真っ黒い思考が日に日に大きくとぐろを巻いて、息ができなくなってきた。枯れ枯れの精神状態のなかで思った。

「…うう。これはやばい。なんとかせねば。なんとかせねば」

しがみついたワラは、無料レターカウンセリングだった。

手紙に思いのたけをつづったその時間は、娘が生まれてから初めて、娘のためでなく自分のために何かをする時間。これまでのいきさつを告白した。

働いてお金を貯めては、いろんな南の島に行ったこと。移り住むことが目標だったこと。

それが、彼との事件の夜。産む決心をした自分。

送られてきた返事には、具体的なアドバイスはなかった。ただ、わたしのつらい気持ちを、一つひとつ他者の言葉によって整理してくれていた。

読んでいるうちに、あふれ出てくる何かを抑えようとする自分を感じた。感情がこわばった。その夜も次の朝も、こわばったまま、せっせと赤子の世話をした。


氷解したのは、まる一日たった昼、むずかっていた娘がやっと寝ついたひとときだった。

「――ああ、わたし、しんどいんだ。本当に苦しい、つらい。そう思ってもいいんだ」

涙がボロボロ、ボロボロ、こぼれてきた。

この腕のなかのヒトは、ずっと一時間に一度は泣いていたけれど。わたしは「泣く」ということが恐くてできなかった。「つらいのですね」と書いてくれた返事の手紙にも、「ヤバい」と、とっさに心を固めたほどに、緊張していたのだ。

「しんどいよう」

思いきって声に出して言ってみると、さらに涙がこぼれてくる。

「しんどいよう、しんどいよう」

あふれては頬をつたい、つるつる、ぼろぼろ、次から次から流れる涙。

その涙は、優しかった。天からの水のように、わたしの張りつめていた緊張をとかしていった。

大好きなことを、赤ん坊と一緒に

つらい気持ちを解放しようとしはじめてから、何度も泣くようになった。

わたしは、カウンセラーやセラピストを探しては、あちこち通ってみた。助産院の育児相談、京都府男女共同参画センターの「女性相談」……。どこに行っても、いきさつを説明するたびに、はらはらと泣いてしまった。あれこれアドバイスや癒しの言葉をもらったが、いちばんよかったのは、自分がこの状態を「問題」としてとらえ、つらい気持ちを何度も涙として外に出せたことだろう。

泣くまい、がんばろう、としていたときには出てこなかった生のエネルギーが、涙とともに湧いてきた。泣きながらでも、できることから行動していこう、そんな気持ちになってきたのだ。それからだ。いままでおっぱいマシンだったわたしが、少しずつ「にんげん」に戻っていきはじめたのは。

最初に思いついたことは――。

おっぱいをあげながらの英語勉強だ。なにせわが娘の場合、おっぱいをくわえている時間があんまり長いのだ。

毎日少しの勉強は、英語教師時代からずっと続けていたこと。南の島で暮らしたいのだから、英語は必須だ。わたしのシンプルな英語勉強法は、好きな原書を大声で音読して、新しい表現・単語は調べて、その本に直接カラーペンで語呂合わせやイラストを書きこみ、覚える。ただそれだけ。

妊娠したとき、やめてしまっていた。

「おっぱいをあげるときは、愛情をこめて赤ちゃんを見つめましょう」なぁんていう育児書を読んでいたわたし。最初はぶるぶるとした罪悪感とともにやってみた。

おっぱいをんくっ、んくっと飲んでいたわが赤ん坊。わたしが大きな声で、歌うように英語を読みはじめると、ぱあっと目を開いて見つめてきた。

「あ、あのね、夢さん。わたしね、じつは英語の勉強したいんだ。いいかな。これ、わたしが大好きなことだから」

腕のなかの娘も楽しめるように、抑揚をつけてドラマチックに読んでいく。

娘の目はキラキラと輝きだした。「何か面白いことが起こってるぞ」そんな目だ。

新しい単語を発音練習するときも、娘にむかってヨーデルを歌うように。この楽しいお勉強のなかに、赤ん坊も誘いこんじゃう。すると娘は、喜んできゃらきゃらと、なんともかわいらしい笑い声をたてた。ああ、彼女も輝いてる。楽しい。これは楽しい。

そうか、なんかわかってきたぞ。赤ん坊の感受性ってのはすごいもんだ。母親が楽しんでいると、その楽しんでいるエネルギーが、赤ん坊のからだのなかに、まっすぐに入っていくんだ。

それから、したことがもうひとつあった。彼に談判だ。

「夢さんにとって、元気な母親であるためには、ひとりの時間も必要なんだよ。協力して」

次の日、彼は娘を抱いて散歩にでた。娘が生まれてから五ヶ月目にして初めて、わたしは数時間、娘と離れてひとりになったのだ。

父娘とは別方向をとって、近くの池に、ひとりで歩いていった。キラキラと揺れる水面を見ながら、腕を振りまわしてみた。この腕のなかに守るべきヒトのいない、しんとしたその自由。ああ、こんな自由を、わたしは子どもを産むまで三二年間もずっと享受していたんだ。そのすごさがわかっただけでも、子どもを産んでよかった。

彼はそれから、二週間に一回、数時間、完全にわたしを「母親業」から自由にする時間をつくってくれるようになった。

ひとりの「にんげん」に帰る時間。散歩をしたり、ふとんの中で漫画を読んでチョコを食べたり、ただぼうっとしたり。思えばこの二週間に一度の、深いところで我にかえる時間が、わたしのその後の出発点だったのです。

本が心を揺さぶるときは

さて、そんなある日。めったに会わない友人から、本の小包が届いた。添えられた手紙には、こうあった。

「この本を読んで、少し後のなっちゃんを見ているようだと思いました」

『ベイビーパッカーでいこう!』(日本評論社)。新聞記者だったおぐにあやこさんという女性が、子どもを産んで葛藤の末、その子が六ヶ月のときにふたりでスペインに旅をした体験談。どうしても見たい、と赤ん坊連れて夜中にフラメンコ観にいったりして、育児書が「なんたることを! それでも母親ですかっ!」とどなりこんできそうなアブナイ橋をいっぱい渡っている。

でも、ここでは、母親も「にんげん」だった。

「母親よ、わが子のためにひたすら愛と母乳を与えつづける神におなりなさい」と読めてしまう、多くの育児冊子のアドバイス。おぐにさんも、そんな周囲の圧力にしんどくなって旅に出たのだ。そして、旅のあいだ、母がひたすら子に合わせるのではなく、互いが互いに合わせあっていた。母は断念して子どもに合わせることも多々。でも、達成できるかできないかは別として、自分の欲求も確認することに目覚めている。おぐにさんは、自分の子どもと同じように、自分をいつくしむことも始めていた。

この本がわたしを後押ししてくれているのを、感じた。本との出会いって、こういうものじゃないだろうか。歩みだしたかったけれど、手さぐりだった自分の道。それをはっきりと言葉にしてくれているから、ビンビンと反応するんだ。

南の島行き、いつになるかはわからないけど。

「三年待ちなさい」という育児書や先輩の指導は、もういらない。娘が大丈夫そうになったら、おんぶして、行こう。

保育園めぐり

わたしは少しずつ工夫を始めた。いろいろな場所へ娘をおんぶして自転車で出かけること。小さなライブ、手作りフリーマーケット、あらゆる分野のトークの会。そんななかで、わたしと同じようにもがいている母親友だちもできた。お互いの家に行ったり、野原で共同保育をしたり。

けれども二四時間ずっと、娘の世話をする人間はわたしひとりしかいなくて、他の仕事ができない暮らしには変わりがなかった。

南の島行きの資金稼ぎには、このからだが必要だ。——保育園、を考えはじめていた。しかし親しんでいた育児書や母親友だちのなかには、「保育園に入れるのは母親として手抜きだ、悪だ」という無言の共通認識があった。わたしはまたまた後ろめたさを感じつつも、保育園を利用した先輩母親たちに相談にいったのだった。

ある先輩は言った。

「子どもの世界を大切にする保育園を探したの。見つけた保育園では、木の上で給食食べたいって言ったらそうさせてくれた。先生たちはほんとうに子どもを愛してくれたよ。うちの子がいまも生き生きしてるのは、保育園のおかげ。大切なのは保育園選びだと思う」

また別の友だちは。

「下の子どもの産じょく期に、保育園のお母さん仲間がとっかえひっかえ、料理を持ってきてくれたんだ。ふたりの小さな子どものお母さんが、ひとりの子をおんぶして、もうひとり

を抱っこして、食べ物を届けてくれたんだよ。保育園の親のつながりって、すばらしいよ」

わたしは「おんぶ自転車」で、いろいろな保育園を見学にでかけた。

味噌汁の味噌を、豆腐屋に麹《こうじ》を買いにいくとこから始めて、子どもたちと一緒に作る保育園。かなりの町はずれにあり、毎日野山を駆けまわる保育園。子どものしもやけを、保育士さんがマッサージしていた保育園。

保育園が大人の便宜のために作られた施設であることは事実だ。大人が仕事をするために、子どもをおおぜい一ヶ所に集める。そのシステム自体に、問題がないわけではないだろう。

また最近は、自治体が保育園への予算を削っている。そんな自治体による、「育児は母親が」という広報にばかり囲まれていると、保育園を利用することにいっそう迷いが生じる。

そんななかで、自分はどうするか——。

いちばん最後の選択では、結局、周囲が奨めるのは何かとか、誰に批判されるかとかでなく、心の底からしたいことを選ぶのだ。じっと自分と向き合えば向き合うほど、自分にとって熱い選択が見えてくる——。

目を閉じて静かにしていると、からだの奥にふつふつとたぎる夢への思いがはっきり見えるようになってきた。わたしは、働きたかった。そしてはやくお金を貯め、南の島へ行きたかった。娘をおんぶして。

「さぁ、今日はお山の向こうの保育園の見学だよぉ」

朝、わたしが娘の足をおんぶひもに通すとき、娘はうれしそうにわたしを見てにこにこと笑った。あれ、保育園見学、娘に対しては内心ちょっと後ろめたかったけど。うれしそうだ。……ああ、そうか。わたしが保育園に希望を見いだして、見学にいこうとはりきっている。その気持ちの高揚が、娘をも満たしているんだ。母がワクワクすると、赤ん坊もワクワクする。

当時、自然のなかで遊ぶことを大切にしていた、川のそばの保育園。娘は一歳になるころ、日中はそこで暮らすことになった。ここでは、おじいちゃん先生など男性の保育士も多かった。川でザリガニと遊び、山でどんぐり拾い。迎えにいくと鼻水も泥んこもぐちゃぐちゃになって遊んでる。わたしならとても毎日はそこまでつきあえない。ありがたかった。

そして、母のわたしは。

さぁ、ようやく再開だ。わたしの人生。わたしたちの南の島よ、待っていてくれ。

column 母性愛神話のウソ

日本の「母親育児」偏重の風潮にしんどくなり、疑問を持ちはじめたわたしを、いくつかの本が勇気づけてくれた。わたしと同じように悩む方々のために、そのエッセンスをぜひ紹介しておきたい。

「三歳までは母親が子どもの世話をするべし」という三歳児神話。わたしも娘を生むと周囲の人びとからささやかれ、そんなものかと思い、しかしそれによって、不自由になっていった。ところがこの「母性愛が子どもの人生に重要だ」説、じつはもともと伝統的な社会にはなく、近年作られたものだという。精神医学者のヴァン・デン・ベルク、アドラー心理学者の野田俊作さん、社会学者の荻野美穂さんらの本がそれを教えてくれた。

第二次世界大戦後の西洋社会は戦争の傷跡と物質偏重ですさんだ。そこで人間の精神面の軋轢《あつれき》をどうするかという論議が飛び交った。

そんなとき、この社会問題に対して新しいアイデアが登場した。幼児期に、母親が献身的に子どもに愛情を注げば、それによって満たされた精神は成長後も荒廃から救われるのではないか、という主張だ。しかし、この発案者たち―スピッツやボウルビィなどの児童心理学者―が論文を書くにあたって調査対象に選んだのは、親がいなくて養育院などの施設で暮らす子どもたちだった。両親をもたない子どもたちを対象にしながら、母親のみの愛情の欠如を説いたのだ。また、その数値集計も不正確に操作されていた。――つまり、導きだしたい結論が先にあって、恣意的にその論拠を作りあげたのだという。ヴァン・デン・ベルクによる研究書では、彼らの調査を一つひとつ検証し、学術的に不完全で誤りのあることが、丁寧に説かれている。

この「母性愛絶対」新説は、高度経済成長を遂げようとしていた日本にも政治的に輸入されたという。男を仕事に没頭させるためには、専業母親の存在が縁の下の大切な支えとなるからだ。

ほんとうのところは、赤ん坊や幼児に大切なのは「適度な」愛情と世話であって、「母親だけの、過剰な」愛情と世話は逆効果にもなる、とアドラー心理学の専門家たちや先の著者らは、母性愛神話に異論を唱えている。

男が戦士となって作るこの効率重視社会を支えるために、わたしたち母親に「刷り込み」がされていたとは――。「く、くそう。くやしい、だまされていたぞ」とわたしは思った。

ともかくも、戦後の高度経済成長によってかけられたひとつの「枷《かせ》」のからくりに気づくことができた。

――ああ、ありがとう、ここに導いてくれたすべての人よ、本よ。けれどもきっと、わたしが気づいていない枷は、まだまだたくさんあるんだろう。一つひとつ、見極めていきたい――。

＊上記の書籍資料は「参考」p.236 に挙げています。

第二章　赤んぼおんぶで日本脱出　—サモア—

南の島に来たぞ！

ついに来たぞ。

四年ぶりの、南の島。ずっと胸中で熱く追っていながら、新しいヒトの人生のスタートという事業のために休んでいた、わたしの夢。娘はいま、一歳七ヶ月。

わたしと娘のふたりは、南太平洋の小国サモアの首都・アピアの小さなゲストハウスに泊まって、ホームステイ先からの迎えを待っている。

ここまでの道のりはラクじゃあなかった。じつは最初はハワイに行ったのだ。ネイティブハワイアンの文化を学ぼうと思った。ところがかの地、電磁調理器、食器洗浄機……暮らしは日本よりずっと先進国化していた。わたしの求めるものとは違っていた。そこで計画変更、ハワイで知りあったサモア人一家にホームステイのつてを頼み、サモアに飛んだのだ。

さて、困ったことがひとつあった。

サモアには、いまも美しい伝統の暮らしの風景が残っている。

この南の地では、誰でも娘のことを「おいで、おいで」と抱こうとする。乗り換えの空港の人びと、ゲストハウスの家主、マーケットの姉ちゃん……。ところが娘のほうが、人見知りしてそれを許さないのだ。「ううええ」からだをよじる。

腕が重たくて、さしのべてくれる手にほっと希望をつなげるわたしはガックリだ。みんなもびっくりする。

「あらあらあら、ど、どうしちゃったの」

この国では、抱かれるのを嫌がる赤ん坊はいないからだ。

ゲストハウスにいる赤ん坊。マーケットで果物を売ってる母さんについてる赤ん坊。みんな、なんの疑問もなく、さしのべられたどんな手にもすっと甘える。どの赤ん坊も、毎日いろんな人に抱かれているのだ。

さっそく南の国と日本の大きな違いを発見したわたしだった。

さてそうこうしているうちに、ゲストハウスにお迎えがきた。ハワイで知りあったサモア人マンハの弟、ティニだ。もちろん初対面。ゲストハウスの庭で、マンハのこと、家族のことなどあれこれとしゃべって、打ちとける。母親のフェアばあちゃんが村でひとり暮らしをしていて、そこにホームステイをさせてくれるという。

いつごろからか、わたしの旅はひとつの村に数週間以上の長期、それもホームステイを基本とするようになった。行った先で、ホームステイ先を探す。そこに住む人びとのナマの暮らしをともに体験して、そして喜怒哀楽を分かちあう——それがわたしの旅の喜び、そして目的となってきたのだ。

さぁ、いよいよだ。サモア人の家に住む、ほんとうのサモアとの出会い。

フェアばあちゃんの家

マンハやティニの母親、フェアばあちゃんは、首都アピアから西に車を四〇分走らせたサルワファタ村に住んでいる。

「はじめまして」

「タロファ。タロファ」

しわくちゃ、ガリガリの、がんこそうなおばあちゃん。ニカアッとわたしを見つめながら、大きな声でサモア語で言う。

「オエアイレスポエシ？」

さっぱりわからん。わからんながらに、ウエストポーチの手帳をとりだしてカタカナで書きとっておく。こうやって毎日、言葉をためていくのだ。ばあちゃんは、わたしの英語は理解するけど、返事は断固としてサモア語。

台所からパパイヤを持ってくる。

「スポエシ！」

パパイヤ食べるかって言ってんの？　ティニやお隣の家のおばちゃん、その子どもたち——周りの人たちはその様子を面白そうにニコニコ見てる。ティニがわたしに解説した。

「パパイヤのスープだよ」

ああ、「スポ」がスープ。手帳に書く。そして、「イオエ（はい）。ファアフェタイ（ありが

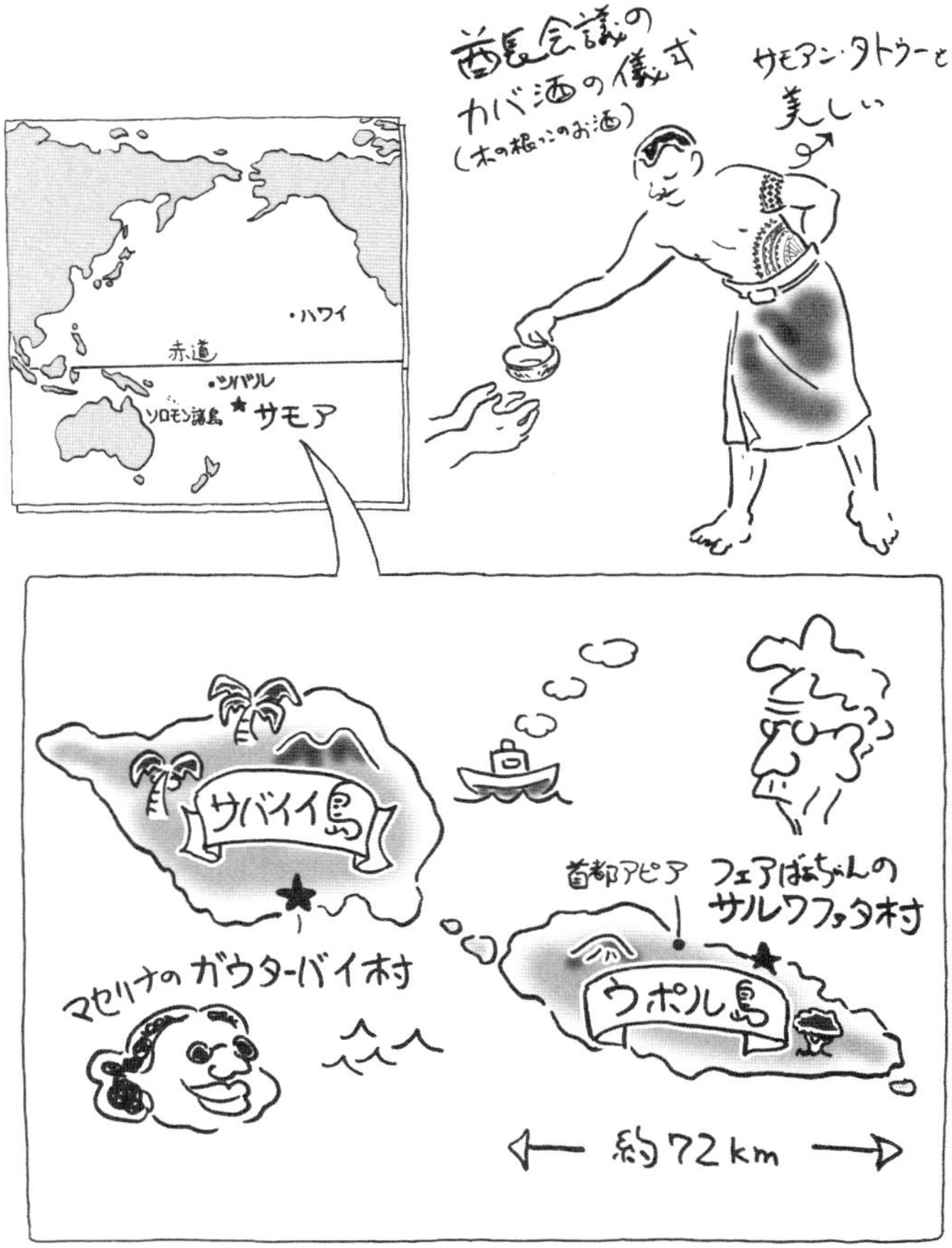
酋長会議のカバ酒の儀式
(木の根っこのお酒)
サモアン・タトゥーと
美しい
ハワイ
赤道
ツバル
ソロモン諸島
サモア
サバイイ島
首都アピア
フェアばあちゃんのサルワファタ村
ウポル島
マセリナのガウターバイ村
約72km

伝統の酋長制度　サモア

面　積　約2840㎢。東京都の1.4倍。ふたつの大きな島、ウポル島、サバイイ島と他8つの小さな島々から成る島国。

人　口　約19万人（サモア統計局2008年推定18万8359人）。筆者の住む京都市左京区は、約15万人。

言語と文化　サモア語（英語も公用語）。ハワイやタヒチと同じポリネシア文化圏

宗　教　キリスト教（南太平洋の国ぐにはキリスト教がほぼ制覇）。皆、とても信仰深いです。日曜日には男たちがタロ芋やブレッドフルーツ、タロ葉のココナツクリーム和えなど多くのごちそうの石焼きを仕込み、その後みんな着飾って教会へ。あとはゴロ寝、の安息日を守ります。

通　貨　タラ。1タラ＝約40円（2010年5月現在）

歴　史　紀元前1000年頃、モンゴロイドが東南アジアを通ってサモアへ。これがポリネシア人の起源といわれています。
18世紀後半にヨーロッパ人来航、その後キリスト教布教。
20世紀初めからドイツ、第一次世界大戦時からはニュージーランドによる統治を経ます。
1962年、南太平洋の島々で最初の独立を果たします。

首都以外は、現在も自然豊かななかでタロ芋などの根菜類を主として栽培し、ほぼ自給自足の暮らしが営まれています。また、ノニ・ジュースの原料として知られるノニの伝統薬やサモア式ココア「ココ・サモア」など昔ながらの独自の生活文化にも彩られています。

各地域の政治はいまも伝統的なマタイ（酋長・族長）制度で行われています。自国の文化にたいする誇りがとても高い人たちです。

とう）」覚えたてのカタコトで返事。

するとばあちゃんは、パパイヤはそこに置いて、ココナツを持って外に出る。地べたに突きさしてあるとんがった棒でココナツの皮をメリメリとはぎ、ナタの背でガゴーンと割った。じょぼぼぼ、とココナツの汁が砂浜に落ちる。その後ろは海だ。青い、あおい海だ。

つぎにギザギザ歯の金具のついた椅子を持ってきた。あっ、ココナツ削り器だ。以前、ソロモン諸島でもやった。

「やる。わたし、やる」

じゃまになるのにお手伝いをしたがる子どもみたいに、しゃしゃり出た。

がほん！　ぐが、がご！　がほん。

あれ？　こんなに力いったっけ。ばあちゃんはニタアッと笑って見ていたが、「あたしがやるから」らしきことをサモア語で言って、わたしの背中をとんとした。

ガリガリガリ！　ガリガリガリ！

ばあちゃんがやると音楽のようにリズムよく、真っ白いココナツ節《ぶし》がスルスルとボールに落ちていく。

さてお隣りのおばちゃんも一緒に、ココナツを搾って、コンロにかけてパパイヤを切っていれて。出来上がったのはパパイヤのココナツクリームスープだった。みんなで食べる。

かたわらの一歳の娘は、顔じゅうココナツクリームで真っ白にしながらジュルジュルとよく食べた。フェアばあちゃんは、その様子をにんまりと眺めて、机に落ちたパパイヤをとって、口に運んでやっていた。口もとの世話をするのは母親、とは、ここでは決まってないらしい。

さてこの日から、このフェアばあちゃんとの暮らしが始まった。

ばあちゃんは、よく働く。朝はやくには、海辺の枯葉拾い、掃きそうじ。ばあちゃんの建てかけの分家で働く大工六人の昼ごはん作り。隣りのおばちゃん・ミタイも毎日手伝いにくる。ばあちゃん、海辺に出て木陰で椰子の葉のかご編み。わたしはそのたびに学ぼう、手伝おうとピッタリ横にくっついて一緒にトライした。

かごを編むとき、椰子の葉が自分の手をこするバサッ、バサッという音が、わたしは大好きになった。少しずつできるようになってきたココナツ削りのときの、ガリガリガリ！　というこの振動も、快感だ。さらにはそのとき、自分の手から生まれる白いココナツ節の、舞うような至極の香り。それだけで全身が生きる喜びに震える。

これだ、これ。暮らしを手で作るという営み。――旅を重ねるごとに、より田舎を選ぶようになった理由だ。そしてホームステイをするようになったもうひとつの動機。

それは、都会のコンクリートのなかで、えたいの知れない不安や焦燥感とずっと向き合ってきたわたしが、南の島で見つけた「生の実感」だった。

しかし、フェアばあちゃんの体力に、都会育ちのわたしはついていけない。時々バテた。ばあちゃんの横でごろ～ん。

一歳の夢さんはいつもその横で、お隣の二歳のアンチョとパタパタパタと砂浜を駆けまわったり、棒を振りまわしたり。鈴のようなかわいい笑い声を聴かせてくれた。海辺で遊ばせるのは、ラクだ。なにせ垂れ流しオッケイ！　おむつをしなくていいのだ。

数日もたつころには、この人見知り一歳児、誰に抱かれても笑顔で受け入れるようになった。ばあちゃん、お隣のミタイ、大工のおっちゃんたち……。赤ん坊の適応力に、わたしのほうがびっくりした。

「子育ては、かんたんっ！」

最初の日に聞かれた。

「この子の名前は？」

「夢菜。ユメは、ドリームって意味」

「ドリームかぁ。ミティ（サモア語で「夢」）だね。いい名前だ」

そのときからみんな、彼女をミティと呼ぶようになった。

「ミティ。バナナ、食べるかい」

ばあちゃんが聞く。夢さんがうなずくと皮をむいて、半分にして手わたす。はぶはぶほおばるそのふっくらほっぺ。ばあちゃんはニッカリと見つめる。

夜、寝るまえに、そろってお祈りをする（サモアはキリスト教国だ）。ティニなど息子たちはアピアの街に住んでいてばあちゃんは基本的にひとり住まいだが、隣りに分家を増築中のいまは、大工の大将や職人もみんな一緒にドカッと雑魚寝《ざこね》。

大将のプレが代表でブツブツと祈るとき、他の者はあぐらをかいて手をあわせ、目をつぶる。そのとき、この一歳児がキャハキャハと笑って走りだした。するとフェアばあちゃん。

「ミティ！」

むんずと彼女をつかんで自分の膝にひっぱりこむ。娘はまた楽しそうにその膝から跳ねおきて走りだす。またむんずと引き戻したばあちゃん、こんどは「ノフォ（座んなさい）！」と一喝、お尻をペン！

ええっ。――生まれてこのかた、わたしは彼女を叩いたことがない。

娘は、はたとしてばあちゃんをのぞきこんでから、おとなしくその膝に座った。お祈りは静かに行われた。

わたしなら、たとえ効果があっても、やっぱり叩かない。けれどもフェアばあちゃんは、母親のわたしの前でもかまわずに、自分のやり方で赤ん坊とコミュニケーションした。日本ではありえないこの光景。わたしはなんだか新鮮な空気を感じた。

ある三人だけの夕飯どき。娘はかんしゃくを起こした。足をバタバタ、長い時間ぎゃあぎゃあすることは日本でもよくあった。あ〜、また出たよ。わたしがさしだしたスプーンを、

フェアばあちゃんが椰子のほうきを作る横で遊ぶ娘。

このヒトはむんずとつかんでほうり投げる。

そのとき。フェアばあちゃんは叫んだ。

「ミティ！　アルエファフォ（外に出てなさい）！」

娘の手をつかんでぐぐいっと外に連れだすと、ばんと戸を締めて、開かないように椅子で押さえた。ええええええっ。

「ナツ。アイ（ナツ、あんたは食べてなさい）」

ミティは外で戸を叩いてギャアギャア。けれどもばあちゃんは、何事もないかのように、黙々と食べはじめた。

わたしたちの食事も終わったころに、やっと外の泣き声がやんだ。ばあちゃんは戸を開けると、そこに真っ赤な目をして静かに立っているミティに聞く。

「食べるかい」

娘はこくんとうなずいて、中に入って黙々と食べだした。

そんなことがあっても、ばあちゃんを恐がることはない夢さんだった。海辺でばあちゃんが、椰子の葉でほうきを作ったりするのを「なんだ？　何それ？」って顔でのぞきこんできた。

娘のかんしゃくには、わたしは手を焼いていたが、フェアばあちゃんのやり方はただひとつ。外に出して、泣きやんだら中に入れる。

ばあちゃんは言った。

「あたしはね、一〇人の子どもみぃんな、四時間に一度おっぱいやるだけ。あとは好きに遊ばせておく。ダダこねたら外。自分の作業をすることには、子どもが小さいときも大きくなっても、なぁんにも変わりはなかったよ」

生まれてからずっとほぼ二四時間、娘に愛情をかけねば、かけねばと奔走していたわたしとは、なんという違い！　日本のたいていの育児書だって、ばあちゃんの方法によしとは言わないだろう。

けれども実際フェアばあちゃんの一〇人の子どもは、ハワイのマンハや、ティニをはじめみんなが、誠実でとてもあたたかい、いい人だった。愛情の欠如からくる精神疾患で悩んでいる人なんて、ひとりもいなかった。

困惑するわたしの顔を、ほんわりとのぞきこんでから、ばあちゃんは笑って言いきった。

「子どもの世話はね、ファイゴフィエ（簡単だよ）！」

知らない子どもが、そして大人も膝《ひざ》に乗る

週に一回、わたしはアピアの街にバスで出かけた。メールや買い出しのためだ。道で「おーい！」と手を振ればバスは停まってくれる。

サモアのバスは運転手の「部屋」だ。ラスタ模様のバナーやハウス系音楽のステッカーがべったべたに貼られている。大音量で、ビリビリに割れたひどい音質のレゲエを流している。わたしはガラスの入ってない木の窓に肘《ひじ》をかけて、そのビリビリを聴きながら、迫ってくる白い波と真っ青な海を見て、風をびゅんびゅん浴びてバスに乗るのがとても好きになった。

運転席の近く、前の席はことに海が目前に見えて気持ちいい。ところがサモアのバス、前の席に座ると、これがたいへんなのだ。

マーケットで売るタロ芋やファラの葉の束。買いこんだダンボール……大荷物を抱えて乗る客は多い。初めてバスに乗ったとき、前に座っている人が、毎度まいどバスを降りて人の大荷物を乗せたり降ろしたりしているので、「この人は車掌かな?」と思った。でもある村につくとその人も小銭を払って降りていくので、「ありゃま、ただの客か!」とびっくりしたのだ。前の席が好きなわたしは、その習慣を学んで、そのうちバスが停まるたびに人の芋やらかごやらを上げ下ろしするようになった。後ろから回ってくる運賃の小銭を運転手に届けたりもする。大忙しだ。

そしてもうひとつ、サモアのバスの面白いことは。少し混んでくると、まず、通学の子どもを、誰でも膝に乗せる。別に知りあいの子どもじゃない。子どものほうも慣れたもので、見知らぬ大人に指示されて、誰の膝にでも座る。これもとても新鮮で、なんだかうれしかった。ちょっとためらったわたしも、そのうちいろんな子どもを膝に乗せるようになった。

それでも混んでくると、こんどは大人が大人の膝に乗る。ここでは、見知らぬ人どうしの距離が近いのだ。

ある日の帰り、やっぱり混んできて、わたしは、乗ってきた女の人に自分の膝をポンと叩いてみせた。ああ、しまった！　乗っかられて気がついたが、この人、典型的サモア体格のどっしり姉ちゃん。ゆうに一〇〇キロはあろうか……。やがて足はしびれきって、感覚が麻痺した。ダアーッと全身から汗が出た。

仕事は子どもの笑い声に包まれて

さて、街から帰ると、わが娘はお隣りのミタイのところで、二歳のアンチョたちとくつろいでいる。ごはんも食べさせ、昼寝も水浴びもすませてくれるので安心だ。最初は、ありがとう、ありがとうと言っていたが、ミタイは「はぁ？」「へっ？」という反応だ。そして、こう返す。

「子どもなんて、簡単だよ。へでもないよ」

あ、フェアばあちゃんとおんなじこと言ってる。

子どもたちの水浴びはちゃちゃっと済ませて、ミタイはミシンなど踏んでいる。その周りをアンチョと娘

お隣りの小屋で。

が転がりまわってきゃらきゃらと声をたてている。

日曜日には朝から男たちが石焼きをする。ブレッドフルーツ（98・123ページ参照）やタロ芋。バナナの葉に、タロの葉とココナツミルクを入れて包む「パルサミ」。それらを熱く焼けた石のなかに入れて、大きなタァムー芋（根菜の一種）の葉やござを何重にもかぶせて保温して、待つこと二時間。ほっこほこにうま〜く焼けたブレッドフルーツや、ココナツミルクでとろ〜りとろとろに煮えたタロの葉が出来上がる。その周りで、アンチョや夢さん、他の近所の子どもたちはやっぱり走りまわっていた。

サモアでは、手作りのココアを毎日お茶のように飲む。

生のカカオ豆を、太陽の下で数日かけて干すのだ。

今日はそのカカオ豆を、ココアクリームにする日。海辺でミタイがココナツの皮に火をつける。そして火にかけたトタン板の上で豆をざありざぁりと煎る。真っ黒に焼けてくると、ふつふつとカカオのなんとも香ばしい匂い……！　それをひと粒ひとつぶ、パリパリ、皮むきしていく。豆は熱い。その横で、アンチョや夢さんは、手を真っ黒にしながらカカオ豆のつまみ食い。

料理の支度をするミタイやフェアばあちゃん。その周りにはいつも子どもがいた。

すべてむけたら、木の臼にむけた豆を入れて、重い石でどん、どん、どんとつぶしていく。

ミタイがしばらくどん、どん。どん、どん。

「ああ、疲れた。代わって」

フェアばあちゃんがどん、どん。どん、どん。しばらくしたら、わたしがどん、どん。どん、どん。

重たい仕事なので、代わるがわる、数人でする。

つぶれてくると、あまぁ〜い生きたチョコの香りが、海辺にさあああっと踊る。とろんとツヤのでてきたカカオクリームを子どもたちはまた横からつまみ食い。

ざざんという白波と、生きたカカオの香り、そして子どもたちのきゃらきゃらという笑い声――。

あぁ、世界はどうしてこんなに美しいのか――。心臓が震えた。至高の恍惚だ。なんのために生きるのかなんて、ここではまったく、考える必要もない。

椰子の葉のかご作りも、ほうき作りも、フェアばあちゃんの家の工事も。いつも、遊ぶ子どもの柔らかい声がそばにあった。そして、ここには公園やオモチャなんてない。それに、大人が子どもの遊び相手をするなんて風景にはお目にかかれない。大人は大人の作業をする。その周りで、子どもたちは木に登ったり、枝を振りまわしたり、葉っぱを傘に見立てたり……。

日本も昔は、こんな風景だったんだろう。

それをわたしたちはいったいなんのために、いまの都市生活に変えてきたんだろう――。

ところで、カカオ豆つきや、椰子の葉のかご作り……そんな暮らしのなかの手作業に、わたしはどんどん魅せられていった。そして、遊びにきたティニが言った。

「そんなに伝統の暮らしが好きなら、サバイイ島に行ってみるかい。ウチの親戚すじがいるから。サバイイは、このウポル島より、昔の伝統のサモアの暮らしが残ってるよ」

さらなる伝統のサモアの暮らし……!　わたしがノーと言うわけはなかった。

二四時間、みんながごちゃまぜ

ティニがその「サバイイ島の親戚すじ」に電話すると、先方は船に乗ってまる一日かけて、このフェアばあちゃん宅までわたしたちを迎えにきた。デーンと硬くなった大福のような体格でチリチリヘア、三〇代前半の女性マセリナがその人だ。どうやらここでは客人は、相手のいる場所まで迎えにいくのがならわしのようだ。

サバイイ島にむかう船の中で、マセリナはわが娘をしっかりと抱いていた。そしてふたたびまる一日かけて、サバイイ島の南、ガウターバイ村までやってきた。

壁のない家の前は岩場。その向こうに、果てしなく海が広がる。砂利の上にゴザを敷いただけの「部屋」で、ごろ～んとすると波の音に包まれる。

この家にはなんと七人の子どもがいた。マセリナと出かせぎで留守のダンナの間に二人の子、それに一緒に住む弟夫婦の五人の子どもだ。そのうえ隣り近所のガキんちょも、いつもごちゃまぜで転げまわっているので、名前を覚えるのがたいへんだった。

姉ちゃんたちは
自分のシャツで
ちっさい子の
ハナをふく
娘
イボガ
11歳

いま、わが娘の鼻を自分のシャツで拭いてやっているのは、一一歳のイボガ（女）だ。あ、娘を水浴びさせているのは、一三歳のルアリマ（女）。娘の口もとにタロのココナツ煮を持っていくのは、一二歳のカラマ（男）か？　そうかと思うと、一〇歳のサネレ（男）は、椰子の葉でサンバイザーを作って娘にかぶせてやっている。あっ。四歳のファアフェタイ（男）は、また娘とからみあって泣かせている。

お隣りのエレンという一歳児もよくこの家ですごすが、やっぱりみんなが同じように世話をやく。かたわらに小さな子がいれば、「これ食べるか」と食べ物を口に持っていってやり、こぼしたものを払ってやるのだ。

朝から晩まで二四時間、みんなが同じ空間にごちゃあっといる。そんなところでは、「赤ん坊の世話は誰それの役目」なんて、担当を決めるほうが不自然なんだろう。

暮らしの作業も、大人も子どももみんなが、できることから協力する。四歳のファアフェタイでも、外に干してあるカカオ豆をひと粒ひとつぶ裏返すことならできる。一〇歳のサネレは力もちで、それはもう、うれしそうに石でカカオ豆をついている。

共同水道が壊れているので、雨が降るたびに各家で受ける。真夜中、深いいびきをたてて眠っていても、突然ザザザザアアッとスコールがくるや、マセリナが飛び起きて叫ぶ。

「雨!!　雨だ!!」

するとだいたい一二歳くらいから上の者はみんなガバッと起きて、その辺のたらいや大なべを樋《とい》からあふれ落ちる滝のような雨水の下にがたたたっと並べ、……何事もなかったかのように寝床に戻る。うむむむ、みごとなチームワークだ。

海に抱かれた、ござの上で

ごろ～ん。砂利の上のござで、波の音に揺れながら寝ていると――お隣りのグラマーな若い母ちゃん、ファアガロがどかどかっとやってきた。
「いよう、マセ！　ナツ！　アボガ（アボカド）採れたんだ。食べよお！」
採れたてのアボカドなんて、初めてだ。飛び起きて、たまたま港でクラッカーを買ってあったのを開けた。年長の子どもたちは学校にいっている。居あわせた大人と小さい子たちでクラッカーと小さなアボカド。分けあって食べるとほんの少しずつになるけれど、なんだろう、このときめく感じ。オトコのうわさ話なんぞしながら、波の音と海の風に包まれてケタケタ笑い転げた。視界いっぱいに広がる青い海が、キラキラと輝いていた。

マセリナの一家は、サバイイ島に暮らしながら島の反対側には行ったこともない。世話になったお礼に、トラックを持っている隣り村のおっちゃんにかけあって、島めぐりピクニックを企画した。さあ出発、というとき荷台を見て目が点になった。近所じゅうの子どもたちや、まだわたしが見たこともないおばちゃんもぎゅうぎゅうづめで、みんなこっちを見て、ニカニカ笑っていた。

すぐ近くの小さい店に駄菓子を買いにいった。すると店の姉ちゃんは頬に米つぶをいっぱいくっつけて、残り物らしきどんぶりのごはんを食べていた。お釣りを返しながら、自分の

枯葉拾いをする子どもたち、くっついていく娘。

どんぶりもさしだしてきた。
「食べる？」
唾がいっぱいかかってそうなぐちゃぐちゃのごはんに、ギョッとした。

作業も、食べ物も、ピクニックも、その場にいるみんなで分けあう。考えてみれば、それはとても自然なことだ。だって、そこにいるのだもの。それでも日本で育ったわたしは、つい仕事も食べ物もピクニックも、「家族」単位で考えてしまう。

けれどもそんな日本人のわたしにも（びっくりすることだらけでも）、この村の暮らしはほんとうに快適だった。疲れたら、誰の前だろうとゴロ〜ンと横になる。ぐうぐう寝る。元気になったら起きて、その辺の作業をする。

そして、わたしはいつでも周りの人たちに守られている。この心地よさ……。

東京の大学に通っていたとき、生きる不安に摂食障害をわずらった。それからも何度かの心身症を乗り越えて生きてきた。もっと深刻な精神疾患をかかえる友人は数知れない。そんな日本から来たわたしが、いま、こんな安らぎのなかで生きることを満喫している。ここの文化を持ち帰って日本を変えよう――なぁんて壮大なことは、もちろんこのとき考えもしない。ただもう、ほんとにこっちに住んじゃいたい。しかし今回は三ヶ月内往復の航空券だ。帰ったらともあれ、この体験を、日本の友だちにつたえよう――。気の小さいわたしはそれくらいしか思いつかなかった。

赤ん坊はみんなのもの

ザリッ、ザリッ、ザリッ。

「いよぉっ！　ナツ！」

ござの上でごろ～ん、波の子守歌に眠っていると、今日もお隣りの若い母ちゃん、ファアガロのひやかし声が飛んでくる。ファアガロが砂利を行く足音は、その威勢のよさですぐわかる。今日は焚き木をかごにいっぱい、肩に棒でかついで通りすぎた。棒に吊るしているのは、畑からの重たいタロ芋やらタァムー芋のこともあり、川からの水の大きなバケツのこともある。

港からの帰りのバスで会ったとき――。

「ときどき、港の近くの幼稚園で働いてるんだよ。その帰りだよ」

「へぇ、何してんの」

「子どもたちのセンセイだよ、決まってんじゃン」

このファアガロが、わたしたちが滞在していた家でよく転げまわっている、一歳のエレンの母親だ。ところが、ふたりセットで見かけることより、それぞれ別に見ることのほうが多かった。エレンをいちばんよく抱いているのは、ファアガロの家の親戚、一五歳のイスタだ。うちでよた話をしているファアガロのところに、エレンを抱いたイスタがやってくる。

「おっぱいだって」

するとファアガロは、ぶりんと大きい乳房を出してしっかりとエレンを抱く。吸いつくエレンのおでこに、チュッとキスをしたかと思うと、抱いたままわたしにふり返って、「そ

焚き木を運ぶファアガロ。

んでさぁ、日本のオトコはどうなん？」とワイ談の続きをする。

　わたしはこのファアガロが好きだった。目をぱちっと開けて、輝かせてこっちを見る。山のような洗濯物を肩に担いでどかっ、どかっと大またで歩いてくる。そしてグワハッハッハッハッハッ!! と腹の底から笑う。同じ一歳の赤ん坊の母親なのに、わたしのほうが七歳も年上とは思えないほど、貫禄があった。ゴーギャンが惚れこんだポリネシア女の魅力とはこういうもんだろうか。そのデーンとした態度は、日本の感覚なら男っぽいとも言えるのに、なぜかとてもセクシーできれいだった。

　いっぽう、その子エレンは、いつもいろんな人の腕に抱かれていた。わたしがみんなにならって、スワファイ（バナナのタピオカスープ）をエレンの口もとに持っていくと、なんの躊《ちゅう》躇《ちょ》もなく、わたしの手もとにその小さなくちびるを寄せる。

「ナッ！」「ナッ！」

ニコニコしながらわたしを呼んで、パタパタと細っこい足で駆けてくる。

わたしがエレンに慣れるより、エレンがわたしに慣れるほうがはるかに早かった。

母親ファアガロも一歳のエレンも、とても健康的で明るかった。

そしてふと、悲しくなった。ふり返ってみると、わたしをふくめた日本の母親は、どうだろう……。密室育児で重苦しくなっても、「がんばって」と尻を叩かれる。周りには、赤ん坊を抱いてくれるじいちゃんばあちゃんも、にいちゃんねえちゃんもいないのに。

そんな日本の現状を、パッとこの村のように変えることはできないけれど、それでも覚えておくことがひとつはできた。

赤ん坊は、たったひとりで世話するもんじゃあない。たったひとりでは、母親も赤ん坊も、おかしくなってアタリマエだ、と。

わたしが死んでも、だいじょうぶ？

ポリネシアには、クワ科の木の皮から布を叩きだす伝統工芸がある。ハワイでは「カパ布」として知られるその同じものが、サモアでは「シアポー布」といわれ、昔は腰に巻いた。いまでは土産物として人気だ。木の皮からできているとは思えない手ざわりのよさ、草木染で作る美しい文様。こんな伝統工芸が、わたしは大好きなのだ。その技を習いに、サバイイ島はさらに奥地の、シウツ村に行った。

パンダナスの葉の屋根、椰子の葉のすだれ、小さな楕円形の伝統サモア式の小屋。美しい小屋の中で、我を忘れて、四日間、貝をにぎった。クワ科の「ウア」の木の皮をはいで、それを二枚貝のぎざぎざ部分でしごいて、しごいて、柔らかく薄くしていくのだ。

そんな作業に夢中になれるのも、その横でつねに娘は誰かの膝の上だったからだ。ちなみに教えてくれたシアポー職人・イマクラタおばさんにも幼い女の子がふたりいた。が、彼女は伝統工芸職人として毎日バリバリと木の皮に向かっていた。やっぱり、抱いてくれる周りの人びとがいるからだ。

ところが、四日目。どうも具合が悪いなと思っていたら、とつぜん目の前が真っ暗になった。はっ……、やばい。来たか。これがサモアに長期でいる外国人が必ずかかるという、うわさのデング熱であった。

蚊が媒介するというこの病気。わが娘にはいつも虫除けを塗りたくっていたが、自分はついこのワクワクする作業に夢中で、汗だくのまま忘れていた。ああ、マヌケだった。

朦朧《もうろう》とするなかで、たくさんの声や娘の泣く声が遠のいた。かと思うと、全身にガンゴンと地響きが伝わってくる。トラックで運ばれているのか——気がついたときは灰色のコンクリートの壁の中、鉄パイプのベッドの上。島の反対側の大きな病院だった。

「ミティはだいじょうぶだから。みんなが見てるからね」

マセリナが枕元で言った。トイレに行くのにも人の手がないと起きられない。それから三日間、マセリナはわたしのベッドの隣の硬い床に寝起きして看病してくれた。

意識が朦朧とする重い症状は、ソロモン諸島でのマラリア以来だ。あのとき、この身はシングルだった。いまは……真っ黒く燃える熱と吐き気の沼のなかで、胸にあるのは小さな娘のことだった。——はやく、はやく治さねば。ただそれだけを念じていた。

そして……、まだちょっとフラつくけど、なんとか起き上がれる——そう自分を奮いたた

娘とアトニウ。

せて村に戻った。

帰ってきたぞ。島の南のガウターバイ村。岩場にうちつける白い波の泡、いつも潮風のふく壁のないわが家（かってにわが家にしている）。何よりかにより、まずはいとしい娘よ……！

わが娘は、マセリナの弟アトニウの、サモアンタトゥーで飾られた腕のなかにいた。手をさしのべるわたしに、「……、……？」。

な、なんと、戸惑いの目を向けるではないか。——え、ええええっ！　まだ乳離れもしてないのだぞ。この世に生まれてから一年と九ヶ月、ほとんど二四時間一緒にいた実の母を、あんたは三日で忘れるのかっ!!

アトニウの顔に自分のほっぺをすりつけて、安心しきったピンクの顔。ティネイからコーパイ（団子入りココナツミルクスープ）をすくってもらって、モリモリとほっぺを動かしている。

その周りでは、やんちゃなファアフェタイやヨアネがプロレスをやっている。年長のカラマやイボガが、「あっちでやんなさい！　ミティにあたるだろ！」と叱りとばしている。

――子だくさんのしあわせ家族の光景のなかに、こいつはすっぽりおさまっているではないか。わたしがデング熱で死んでも、じつはなんの心配もなかったのか？　わたしの一年九ヶ月の孤独な奮闘は、たった三日間のサモアの大家族制に負けた……！

ふらふらとよたつくわたしを支えて座らせ、一三歳のルアリマがあったかいコーパイを手に持たせてくれた。

いまや、三四歳のわたしも、一歳の娘も、この家族に、この村に包まれた同じ子どものようだった。

生命（いのち）は、ウマいっ！

豚がうっかり、トラックにひかれた。コロンと死んだ。

いつも放し飼いにしているこの辺の豚は、祝いごとや祭りのときに供される。が、わた

豚をさばくアトニウとサネレ。

したちの三ヶ月の滞在中は、そんな機会にめぐり合わなかった。しかしラッキーなことに、いや死んでしまった豚にはアンラッキーなことに、こんな事故があって、豚さばきを見られることになった。

「死んでしまったらしゃあない、べつに祝いごとはないけど、ありがたくいただこうじゃないか」

まず熱湯をかけて黒い毛をジョリジョリとそる。豚の両足をしっかり持って、切り裂いていくアトニウの助手をするのは一〇歳のサネレだ。

驚いたのはこのさばく手の、な、ななんと速いこと。ぶちりぶちりっと手足・胴体・頭を分けてあっという間だった。一歳の夢さんは、まぢかでしっかと目を見開いて、息をのんでいる。さっきまで自分の隣りをうろついていて、ブヒブヒいっていた豚の、この姿。

椰子の皮に火をつけて石を焼き、頭からすべての臓器を並べる。内臓などの細かいところはバナナの葉に包んで。上からも焼け石を重ねて、大きなバナナの葉や古ござを何重にもかぶせて、二時間でさあ出来上がり、豚の石焼だ。

なぁんとこおばしい……！　日本で食べてきた豚肉とはかけ離れた、この香り高さ。

一二歳のカラマや一一歳のイボガは、椰子の葉のかごに小分けした石焼ブタを近所に配りにいく。そしてわたしたちもありがたくいただく。ガブリッ。

あぁ、生まれて初めての味だ。深い、力強いウマさ。ふくいくとした、この大地の味！　美食評論家が卒倒するぞっ。これが生命《いのち》を食べるってことか……！

一歳の日本の子どもは、むしゃぶりついた。さっきまで生きていたその豚、いま切り裂かれるのを見たその豚に、むっしゃらむっしゃら、夢中で食らいついた。うまいのだ。ほんとうにうまいのだ。

ティネイが夢さんにぴったりとついて、肉にたかるハエを払いつづけていた。小さい子や客が食べてるあいだは、横で誰かが椰子の葉の扇で払いつづける。これもサモアのならわしだった。

ここの暮らしでは、食べるということが「生命を食べる」ことであるのは、あまりにもあたりまえの日常だった。物のないこの島だけれど、「豊か」な日本の街なかで食したことのない驚愕の力強いウマさを、日々普通に味わっているのだ。

海とコトバと赤ん坊

一歳九ヶ月の娘。ことば始めは、このサバイイ島だった。

「マイ（かして）！　マイ（かして）！」

「アワッ（だめっ）！　アワッ（だめ）！」

上の七人の兄弟たちが毎日使うことばから覚えた。えらそうな強い口調が、サモアの子っぽい……。

サバイイ島を出る日、ティネイの腕からわたしの腕にうつるとき、夢さんは泣いた。

家でマセリナとはしゃぐ娘。サバイイ島にて。

「ふやぁ、ふやぁ」と泣いた。

ティネイも目を真っ赤にはらした。

いったんサルワファタ村のフェアばあちゃん家に戻って、数日後にサモアを発つ日も、お隣りのミタイが夢さんをだっこしてアピアの町まで来てくれた。空港バスの乗り場で、やっぱりミタイは目を真っ赤にして、ハラハラと泣いた。ミタイの胸のなかの娘もわたしが抱きとろうとすると、イヤイヤをする。そのぷっくりした小さな手で大きなミタイの肩をしっかりとつかむ。

母のわたしを嫌がっているわけじゃあない。この一歳のひとは、これがミタイとの別れになるとわかっているのだ。小さい手をひっぺがしてこちらに抱き移すと、「ええぇぇええぇぇえん」と泣いた。

飛行機の中で娘が寝たときにした走り書きが残っている。

さようなら
壁のない家々
さようなら
眉をひょいとあげて　あいさつする人びと
さようなら
夢さんを抱いてくれた
たくさん、たくさん、たくさんの人びと

空港から京都に帰る電車の中でのことだ。向かいのスーツのおじさんに、わが娘は突然ぴょぉんと飛びついた。新聞を読んでいたその人は、見知らぬ赤ん坊にしがみつかれて、ぎょうてんした。そのこわばった顔に娘は「……あれっ？　ようすが違うぞ」という表情。そうだろうとも。だれでも、すぐに抱きしめてくれたのがサモアだった。

「これ、夢さん。スミマセン……」

壁のない家で、娘はいつも子どもたちに抱かれていた。

わたしはおじさんにあやまる。まだ言葉のない夢さんの顔は、「?? なんであやまるの？いったいどうしちゃったのみんな？」と言っていた。なんとも切なくて、泣きたくなった。

さて、日本に戻ってしばらくは、保育園の先生が「お母さん。夢さん、アワアワ言うんですけど、アワってなんですか？」なんて言っていたけど。すぐにサモア語は忘れて、日本語のカタコトをしゃべるようになった。

サモアから帰って四ヶ月もたった夏。わたしは娘とふたりっきりで、本州の西の端、角《つの》島《しま》の海辺にテントを張っていた。海が恋しくて気が狂いそうになったのだ。

水平線の向こうを太陽が行き来する。ざざぁん、ざざぁんという波の音に二四時間包まれていると――ああ、思い出す、サバイイ島を。

海辺の二日目。波のなかでぱちゃぱちゃと遊んでいた娘の口から――。

「アワッ（だめっ）！」「マイ（かして）！」

出た……！　四ヶ月ぶりのサモア語が！

――ああ、娘のからだのなかでも、あの島の日々がありありとよみがえっているんだ……。

海の力に――いや、土地の持つ、その土を踏むニンゲンにしみわたる力の深さに、腹の底から畏れいった。

第三章　人口一万人の島国へ　―ツバル―

典型的日本人母子、ツバル上陸

三〇人乗りの小さな飛行機がむわぁっとする熱帯の風と匂いのなかに降り立った。すぐそばの金網ごしにデーンとしたポリネシア体形の、褐色の人びとが群らがって見ている。小さな小屋で入国スタンプを押してもらうとすぐ、隣にいたガードマンのおっちゃんが英語で聞いてきた。

「あんた、子どもとふたりかい。どこ行くんだ」

「スサナの借家ってのを探そうと――。そこが日本で知ったいちばん安い寝泊りのとこだから」

「おう、スサナ。それ、ワシの奥さんね。待ってろよ。あとで送ってやるから」

あらまぁ。人口一万人の小さな国の醍醐味を、到着早々味わった。

サモアから帰国したわたしは、かの地への移住を彼に相談した。が、彼はまったく興味をしめさず、泣く泣く断念した。気をとりなおして次の南の島への資金稼ぎに奔走したものの、

飛行機から。首都フナフチの街は、細長い島の上。

子どもを連れていくので必要資金は二倍、しかもそれを稼ぐための時間は子どもがいるので制限される。二年半かかってやっと、ふたたび日本を脱出できた。娘は四歳になっていた。

人口一万人。それがこの国、ツバルに来てみようと思ったいちばん大きな理由だった。ローマ法皇のいるあのバチカン市国の次に、人が少ない国なのだ。深く惹かれたサモアと同じポリネシア文化圏で、かつもっと「田舎」を探した結果だ。

さて、今回はなんのツテもなし。なんとか落ち着いた借家は、大きなフロアに住人はわたしたちふたりだけ。すべて自分の裁量で切り拓いていかねば――。わたしは一日目から、この小さな首都フナフチの街を忙しく駆けまわった。

まず、他の八つの離島のどれかに早く行きたかった。離島に行く不定期の船を見逃したくない。政府ビルの船の窓口に通う。それからこの首都にいる間も、こんな借家暮らしではなく、やっぱりホームステイがしたかった。街を歩いては、声をかけてくるいろんな人に相談する。パーティに誘われたら顔を出す。

――が。

かたわらの、四歳のわが娘にしてみれば、サモアの記憶はすでになし。すっかり日本流の、人見知りっ子に戻っている。――初めての、むんむん熱いこの異国の地で、たったひとり頼りの母が、何をそんなに忙しく駆けずりまわっているのだ。あたしをロクにかまってもくれない――。

道で「あらっ。かっわいいねぇ～」と寄ってきた人びとにはプン！　威勢よくそっぽを向く。「はやく、はやく」銀行が閉まる時間を気にして早足の母親の手をふりはらって、道端にしゃがみこむ。

パーティでさしだされたコップをわざと傾けて、草っぱにジョボボとジュースを飲ませる。

あげくの果てには、人と話す母の前に立ちふさがって宣戦布告。

型が、南の島をゆく。

「なっちゃん、話したら、あか〜ん!!」

わたしはヒステリーを起こした。

「もぉ、いいかげんにしてよっ！　夢さん連れて歩くのいやっ！」

ガミガミと叫びつつ、ジタバタ足を振る幼児を脇にかついで走る。ああ、日本人母子の典型が、南の島をゆく。

救いの手は人だった。借家のお隣のチアナコおばさんに、夢さんを見てくれないか頼んでみた。

「レイフア（おやすいご用）！」

チアナコおばさんは、その腕に咬みつかんばかりに抵抗する娘を笑いながらサラッと抱きかかえて、出かけるわたしを見送った。子どもってこんなもの、という、動揺しない大きさがあった。もちろん、からだもデーンと大きかったが……。

さて、抵抗していたわが娘が気がかりだったものの、政府ビル、ネット、銀行……いくつもの用事を駆け足ですませたわたしが、お隣りに戻ってみると――。

夢さんは、石垣にチアナコとぺっとりくっついて座り、南太平洋で人気のスナック菓子「ボンゴ」の袋をボリバリやっている。わたしを見てにこっとかわいい笑顔で駆け寄ってきた。

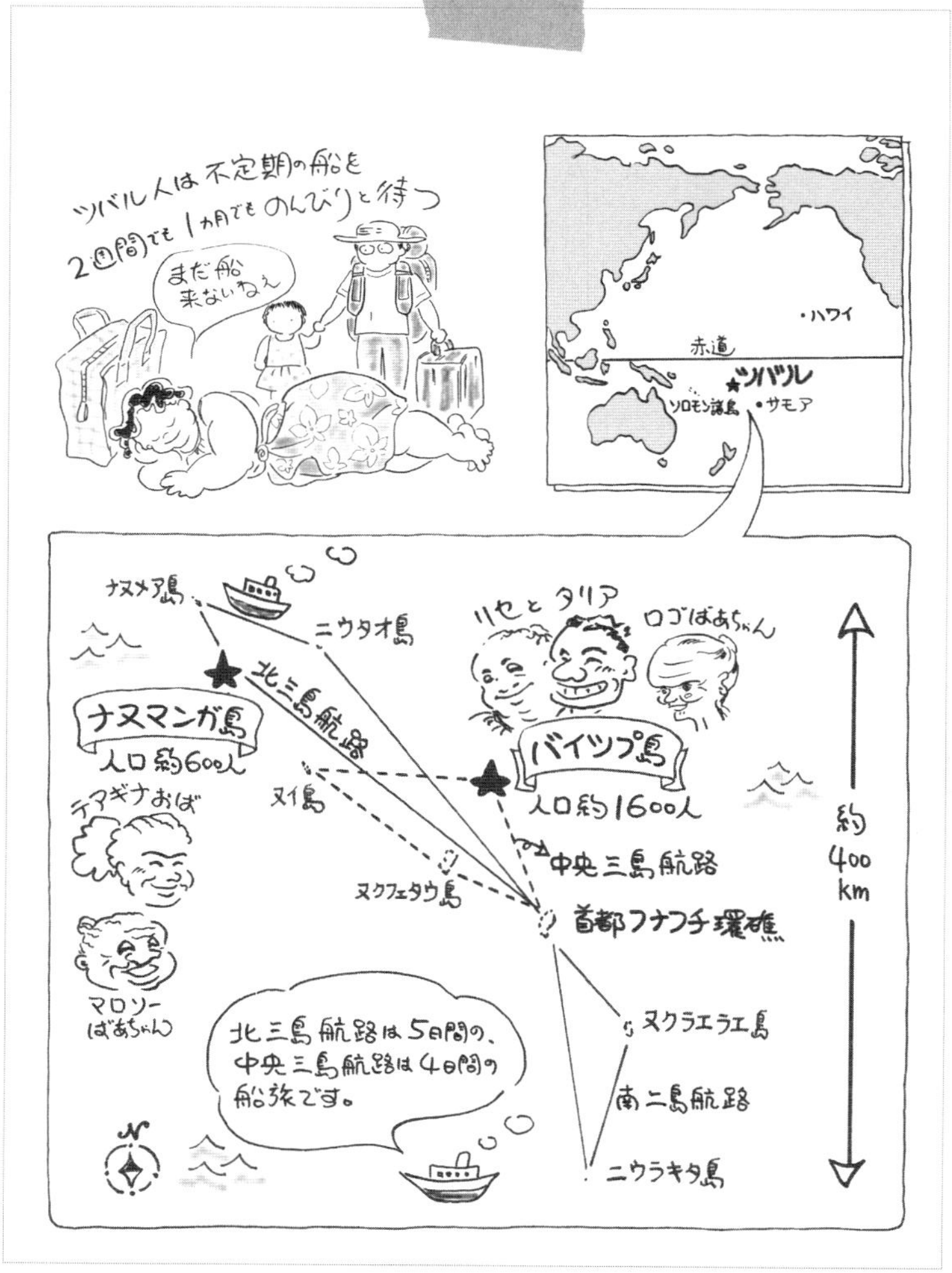
ツバル人は不定期の船を
2週間でも1カ月でものんびりと待つ
まだ船来ないねえ
・ハワイ
赤道
ツバル
ソロモン諸島
・サモア
ナヌメア島
ニウタオ島
北三島航路
ナヌマンガ島
人口約600人
リセとタリア
ロゴばあちゃん
バイツプ島
人口約1600人
ヌイ島
テアギナおば
中央三島航路
ヌクフェタウ島
首都フナフチ環礁
マロソーばあちゃん
北三島航路は5日間の、
中央三島航路は4日間の
船旅です。
ヌクラエラエ島
南二島航路
ニウラキタ島
約400km
N

各島が“お国自慢” ツバル

面　積　約26km^2。世界で4番目に小さい国。日本でいうと、東京都品川区（約22.7km^2）の面積が近い。首都フナフチ環礁、ヌクフェタウ島、ヌクラエラエ島、ヌイ島、ナヌメア島、バイツプ島、ナヌマンガ島、ニウタオ島、ニウラキタ島の9つの主な環礁・島から成る。

人　口　約1万人（ツバル統計局2007年第4四半期、1万1126人）。バチカン市国についで世界で2番目に人の少ない国。およそ、日本の「〜町」と名のつく地域の規模です。

言語と文化　ツバル語（ヌイ島のみヌイ語。英語も公用語）。
サモアと同じポリネシア文化圏。

宗　教　キリスト教。サモアと同じく、とても信仰深いです。人口の9割以上は「ツバルキリスト教会」に属しています。ツバル語の賛美歌、ことに各島独自の美しい賛美歌がたくさんあります。

通　貨　オーストラリアドル。1オーストラリアドル＝約80円（2010年5月現在）

歴　史　すべての島々は、サンゴ礁の堆積によって形成。
紀元前後、周囲のサモアやトンガ、キリバスから移住してきたのがいまのツバル人の祖先だと推定されています。
1860年代には白人による「奴隷狩り」も行われ、多くのツバル人がペルーへ強制連行されました。
1915年、北のキリバスとともに「ギルバート・エリス諸島」というイギリスの植民地に。
1975年にギルバート諸島と分離、1978年にイギリス連邦の加盟国として独立を果たしました。

9つの小さな島が南北約400kmの広い地域に点在する、まさに「海の国」です。バイツプ島は南北約5kmの島、ナヌマンガ島は南北約3km。

こんなに小さな国だけど、さらにそのなかで島ごとに踊りも歌も特徴があって、みんな自分の島にプライドをもっています。「おれはナヌマンガ人だ」「プラカ芋は、ワシらバイツプ島のがいちばん大きい！」そんな出身島のお国自慢をするときのツバル人は、みんな生き生きとしています。

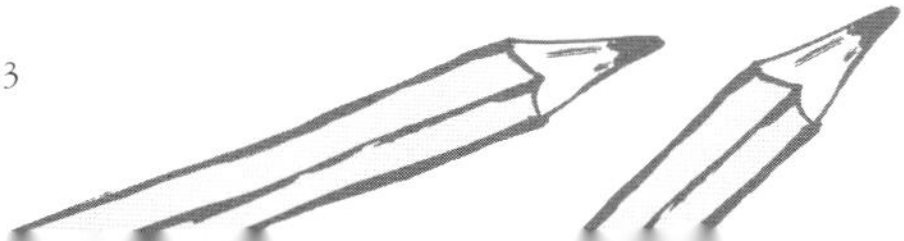

大人の用事にひっぱりまわすより、ずいぶんいい時をすごしたらしきことがわかる。

チアナコは、バイクをレンタルして彼女を膝に乗せ、首都の島一周のツーリングに出かけたのだそうだ。娘は、チアナコの腕のすきまから、海や人びとに目を輝かせて奇声を発して、潮風を楽しんだ。せがむので二周もした、という。帰ってきて、お昼寝もした。

バイクレンタル代や、おやつ代をわたそうとしたら、チアナコは「イカ〜イ（要らないよ）！」と強く首を振って、決して受けとらなかった。

「困ったときは、お互いさまだからね」

さらりと言って、別の話題にうつった。

この瞬間。心がほわっと緩んだ。サモアの人びとを思い出した。

——これだ。南の島の、これがいつも、ほしかったんだ……。

娘も、わたしも、南のひとの優しさにやっと緊張がとけだした出来事だった。

真夜中の珍客、抱きしめられる

首都フナフチに来てから四日目に、船が出るという。行き先は北に六時間の「バイツプ島」。

「じゃ、それに乗る！」首都以外ならどこでもよかった。とにかくはやく街の喧騒から脱出したかったのだ。

大家のスサナが言った。「バイツプ島ならあたしの従姉《いとこ》がいるから、紹介の手紙を書いてあげる。で、あんたはあたしの店の看板描いてよ」

船が出る前夜、徹夜して看板を描いた。「あら、ありがとう。港には見送りに行くわね」「手紙は？」「まだ書いてないわぁ。港でね」

出航時間が迫るが、スサナは来ない。わたしは甲板で、埠頭にスサナの姿を探してイライラした。……おいおい。

ボォ〜〜〜〜〜ッ！

汽笛がなって出発というときに駆けつけた大家は、下から叫んだ。

「手紙書くの、また忘れちゃったわぁ。でもだいじょうぶ！　直接頼んでも泊めてくれるわよぉ」

ええっ、そんなの、ありかいっ！

けれども、ない手紙はしようがない。サモアでもソロモン諸島でも、ハチャメチャなことはたくさんあった。しかし、なんのための徹夜のタダ働き……。

船がバイツプ島に着いたのは、真夜中の二時だった。ツンとするガソリンの匂いのなか、どやどやと積荷が降ろされ、甲板に寝ていた人びとが支度をする。小さなボートが人間と荷物でぎゅうぎゅうにされては、ブロロロォッとオレンジの灯りの埠頭をめざす。船の階段やボートで、四歳の娘はつねに誰かしらがしっかりと抱きかかえてくれた。ボートが真っ黒い海を叩くとバシャン、バシャーンとなつかしい潮のしぶきが顔に飛び散ってくる。

埠頭に降り立つ。オレンジの灯りのなかで、船でしゃべった島の人がわたしに話しかけた。「リセんとこに行くって言ってたよな」リセというのが、かのいいかげんな大家スサナのいとこだ。「じゃ、こいつらに連れてってもらって」

彼の知りあいの島の若者ふたりが、バイクの後ろに乗れと合図する。こういう田舎では、若い者が年長の者の使いっぱしりをする。そしてその仕事は、たいてい律儀で信頼できる。ソロモン諸島でもサモアでもそうだった。

ひとりのバイクにわたし、もうひとりのバイクに娘が乗って、真っ暗闇をブブブンブブブンと行った。道はでこぼこらしくボォンボォンと跳ねるたびに、すぐそばの椰子の葉がガサガサと揺れて香りがする。

ブロロォ……とバイクが止まったのは、とある椰子の木で作った高床式の壁のない小屋の前。若者は大声で叫んだ。

「エ、リセ！　オウタウガーソア！　マイジャパーニ！（日本からお客だよ）」

ええっ！　いま、夜中の三時。そ、そんな大声で？

「んあぁ？　ジャパニ……？」

小屋の中では蚊帳を吊って寝ているらしき主人の声。寝ていたのはふたりの模様。若者と二、三言やりとりしている。

「タパッ！」

驚く声が聞こえた。タパ、とはツバル語で「あれまぁ」という感嘆詞だそうだ。そりゃ驚くだろうな。なにせなんの連絡もなく、夜中の三時に日本からお客。

ふたりは小屋からよたよたと降りてきた。手前の、例にたがわずデーンと大福体形で白い髪のおばさんがリセだろう。後ろの固太りで健康そうな五〇がらみの男性はその夫か。

リセは目をまんまるくして、「おおお、おお」とわたしに寄ってきた。わたしは意を決して英語で挨拶する。

「タロファ。日本から来たナツっていいます。娘の夢菜と。ツバルの島の暮らしを学びたくて。あなたの従妹のスサナに紹介されました」

じっとわたしを見つめていたリセ、さらにペンギンのようによたよたと迫ってきて——

「日本から、遠いところを、ようまぁ、子どもを連れて……」

低いダミ声を震わせて、わたしの肩をさするようになでたかと思うと、そのままガシッと抱きよせた。

受け入れられた……！

船のガソリンの匂いのなかで緊張していたわたしのからだが、さわわわぁぁっととけていった。

初めて会ったこの人の、大きさと深さが伝わってきた。まだ何も会話はしてないけれど、わたしがまっすぐな思いで日本から子どもと来たというそれだけは、わかったようなのだ。そしてその長い道のりを、いたわってくれているのだ。ともかくもまず、心をあっためようとしてくれている。

これだ。これが南の島の、大好きなところなのだ。言葉や理屈より、心や気持ちをまず大切にする。ひとつ確かなことがわかれば、それでじゅうぶん。

ふと見ると後ろでわが娘は、リセの夫に抱きかかえられている。この人は顔をくちゃくちゃにして娘にほおをすりすり。子煩悩な人なんだろう。夢さんもなぜか嫌がらず。

「母屋で寝るといい」と連れられたのは、高床式の小屋の向かいの、セメントで作った、ちょっと傾いた手作り風の平屋。ほこりをかぶったトランクやら古い本やらでごったがえした部屋の奥のベッドに、ふたりはいそいそと新しいシーツをはって、バンバンと叩いた。

さぁて。これでオヤスミ、じゃあねと言うわけはなく。

リセの夫、タリアはうれしそうにどかっと床にあぐらをかく。始まりました、南の島の人のおしゃべり好きが。

「この家はね、わしら兄弟、建てたんだ。兄弟は六人。セティ、ヴァイロパ……、住んでるよ。すぐそこに」南の人らしく単語ばかりを元気にならべる英語でまくしたてた。

そんなタリアを制して、リセは、「あんた、まずナツの話を聞かなくちゃ。それで？　ツバルに来たのはいつ？」とお姉さん調。

リセはこの島にある、ツバル唯一の国立セカンダリースクール（日本の中学二年〜高校二年にあたる）の英語の先生だそうだ。ゆっくりとした丁寧な発音だ。

わたしはソロモン諸島やサモアの旅のこと、南の島が大好きでいつか移住しようと、それを目標に日本でいろんな仕事をしていること、などなど、アルバムをひっぱりだして話をし

島に着いた翌朝。すぐにタリアになついた娘。

た。ふたりはうんうん、と耳を傾ける。

かたわらに飛びだしてきた二匹の小さな猫に、夢さんは夢中になっている。

「わしらもね、外国にいたんだ。リセが留学で。ええっと、ええっと、マスターコース（修士課程）、だっけ」

ツバルの離島だが、リセはインテリのようだ。オーストラリア滞在の話、壁に貼ってある写真の息子や娘の話。眠さと疲れが波になって寄せてきたが、いや、ここは、これからホームステイをさせてくれようという人たちとの互いの身の上話だ。一つひとつ、わたしも必死でついていく。

「で、このバイツプ島にはどれくらいいる予定？」

リセに聞かれて、遠慮ぎみに答えた。

「ええっと……一ヶ月とか……」

「たったそれだけ？　だめよ、クリスマスと正月はこの島ですごしなさいよ。ツバルの文化を学びたいんでしょ。バイツプの年末年始を見ないって手はないよ」

リセの売りこみにタリアはうんうんとうなずく。おしどり夫婦ってこんなのをいうんだろうか。

「バイツプの年越しは、おもしれぇよぉ～」タリアの自慢の声に、わたしはうっかり、「へぇ。どんなことするの?」。しまった……!

「知りたいかい。まずなぁ、広場に若いもんたちが集まってなぁ……」

ついに、夜明けの光が東の窓から差してきた。

「まぁ、寝なさい。今日はゆっくり休みなさい」

――やっと解放された。

別れぎわにリセが言った。

「あのね。うちはね、ほんとうに、いつまで居てもらってもいいんだよ」

その向こうからまたタリアがかぶせる。

「そうそう、いつだったたか、ドイツの青年がふらっと来てね。彼はええっと、半年居たかかな?」

しゃべり続けようとするタリアの背をリセが押して、ふたりが出ていった。

わたしはいつしかベッドで眠っていた娘の横に、ドサッと倒れた。

ほおおっと芯があったまる。

「ああ、いい人たちでよかったぁ……」

首都でのバタバタからずっと緊張していた胸の奥がほころんだ。――わが家にたどりついたかのように、わたしは深い眠りに落ちていった。

人の愛情に果てはなく

次の日。

「あんたは寝てなさい、寝てなさい。わしが行くから」

タリアはバイクで港に出ては、まだ停泊している船の底にあるわたしの荷物を何往復もしてとってきた。娘が起きるとやっぱり、「あんたは寝てなさい、寝てなさい。わしが世話するから」。

ベッドの部屋の隣りにある台所で、何やら食べさせている模様。わたしは安心して、また眠りに落ちていった。

目を覚まして外に出ると、タリアと娘はいない。青いあおい海が椰子の木立のすぐ向こうに広がっていた。タリアとリセが寝ていた高床式の小屋の隣りには、ココナツがてんこもりに積まれている。床の下には椰子をむいた皮がぎゅうぎゅうづめ。サモアでも同じだった。椰子の皮は燃料になるのだ。鶏が数匹、それに子豚が数匹、コッコッコッ、ブヒブヒブヒとうろついている。

ブロロロォッとタリアのバイクが帰ってきた。膝にすっぽりとおさまっているのはわが娘。昨夜からすっかりタリアに心をゆるしている。子どもには、愛情のある人というのはすぐわかるのだ——。

タリアはさっそく唾を飛ばしてまくしたてた。

「いやぁ、すぐそこの両親の家に行ってきた。うちの母ちゃん、『まぁっ、日本の子どもなんて初めて！』ってたいそう驚いてなぁ。もぉ、かわいいかわいいってなでまわすのなんの。この子の母親も一緒に本家のほうに住まわせろって言うの。いや、このふたりはわしらのもんだって譲らなかったけど。がはははははっ」

男の子がふいと台所に入ってきて、日本からの土産のおにぎりせんべいを「ガリ（うまいね）」と言ってボリバリひとりで一袋食べてしまった。「なんだ、このぼうずは」と思ったら、タリアとリセのいちばん下の息子・バイチウだった。昨夜は近所の親戚の家で寝ていたらしい。

タリアと森へ行く。手には椰子の風車。

バイチウと一緒に、この家の猫にちょっかいをだして遊ぶわが娘。まだ言葉もわからないけど、とてもくつろいだ、明るい笑顔だった。首都にいた三日間とはうってかわって、周りに心を開いていた。

サモアでは「ミティ」だった夢さんの名前は、ここツバルでは「モエミティ」になった。「夢」はツバル語では「モエミティ」なのだ。

「モエミティ、今日も豚を見にいくか」

小屋の横でココナツを切ってはバケツにほうりこんでいたタリアが声をかける。娘はうれしそうにパタパタとバイクに駆けよる。

タリアは朝と夕方、森の豚小屋に通う。

ココナッツと残飯の入ったバケツを四つ、持っていく。後ろにふたつくくりつけ、膝にふたつ抱えると一往復ですむ。ところがこの四歳児も膝に抱えるとなると二往復だ。

「待っててな。このバケツを豚小屋においたら、すぐ戻ってくるからな」

一度たどりついた豚小屋から、また一五分かけて村に戻ってきて、娘を連れてふたたび森へ。ガソリン代も時間も、倍かかるのに。毎日、蒼い高い森のなか、ブヒブヒと鼻をならす豚たちとすごす時間は、夢さんにとっては至高の憩いのときらしい。タリアはそれをわかっていたのだろうか。

今日も顔をくちゃくちゃにして、「モエミティ。豚を見にいくか」と言う。

あるときは、わたしが首都の銀行宛てに出す手紙を、船に届けてくれるという。

「ワシがバイクでひとっ走りだ。モエミティ、お船、見にいくか？」

またパタパタと来てタリアにしがみつく夢さん。ふたりはブロロロォッと出かけた。

ふたりが帰ってきたので「おかえり。手紙出してくれた？」と聞くとタリア、「や、すまん。まだだよ。いやね。あっちに着いたんだけど。モエミティが『フィアカイ（おなかすいた）』って言うんだよ。タパッ！　ツバル語でだよ、うれしいねっ！　わし、ココナッツ切るナイフも持ってなかったから、『そうか、そうか』って、とりあえず帰ってきた。出なおすよ。で、モエミティ、何食べる？」

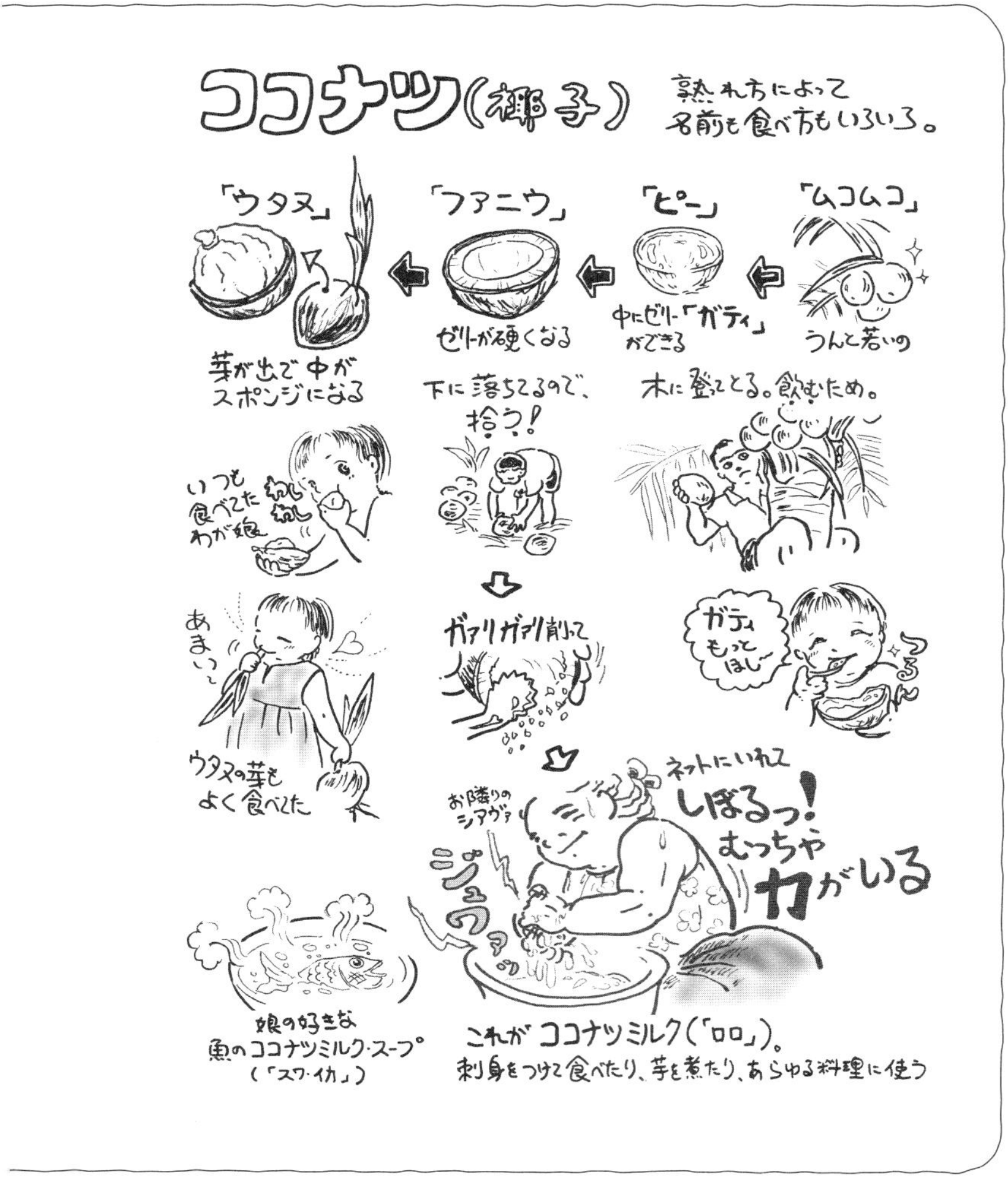
ココナツ（椰子）
熟れ方によって
名前も食べ方もいろいろ。
「ウタヌ」
芽が出て中が
スポンジになる
「ファニウ」
ゼリーが硬くなる
「ピー」
中にゼリー「ガティ」ができる
「ムコムコ」
うんと若いの
下に落ちてるので、拾う！
木に登ってとる。飲むため。
いつも食べてたわが娘
わしわし
あまい〜
ウタヌの芽もよく食べてた
ガァリガァリ削って
ガティもっとほしー
つるるん
ネットにいれて
しぼるっ！
むっちゃ力がいる
お隣りのシアヴァ
ジュワァ
娘の好きな魚のココナツミルク・スープ（「スワ・イカ」）
これがココナツミルク（「ロロ」）。
刺身をつけて食べたり、芋を煮たり、あらゆる料理に使う

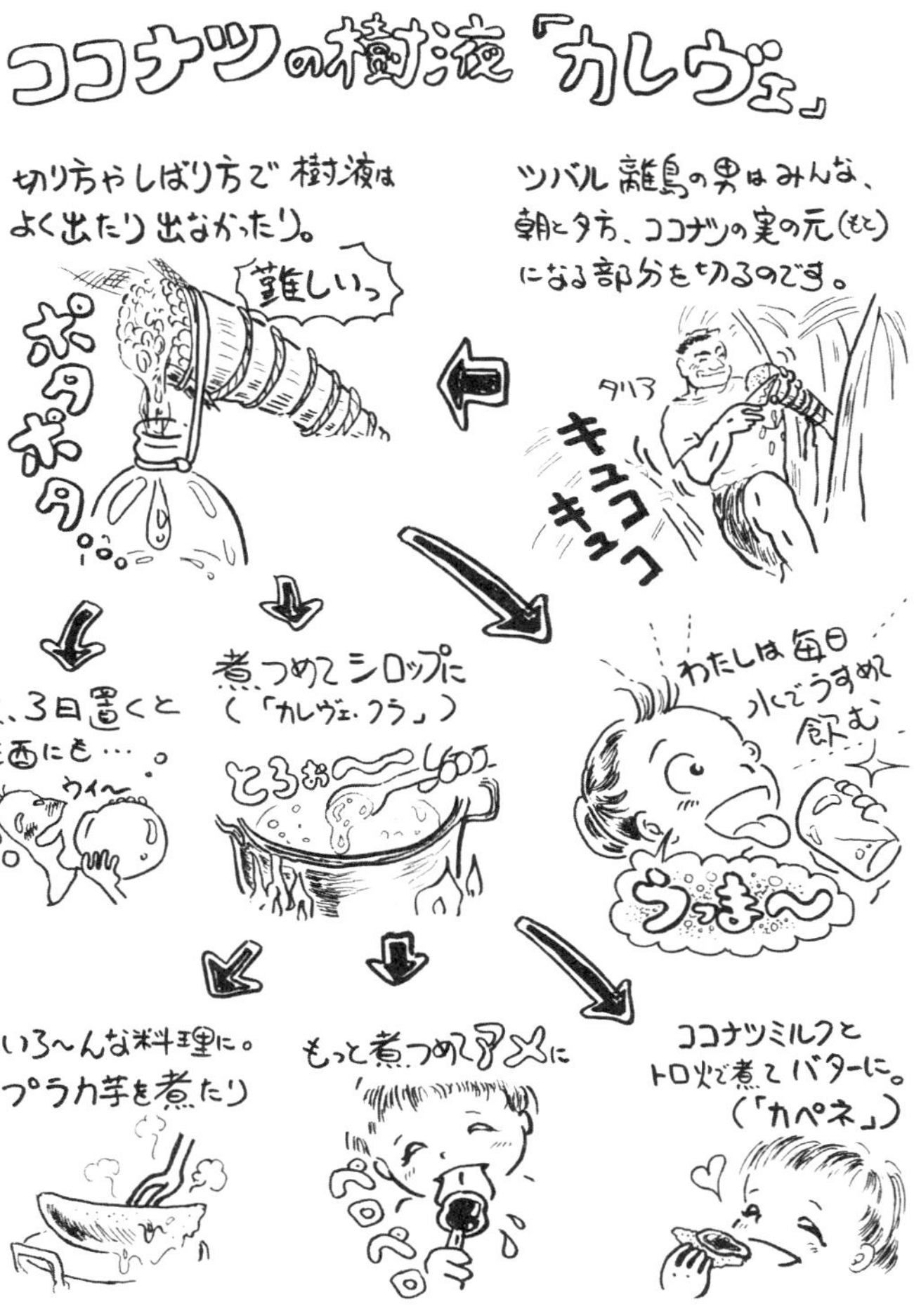
ココナツの樹液「カレヴェ」
切り方やしぼり方で樹液はよく出たり出なかったり。
難しいっ
ポタポタポタ
ツバル離島の男はみんな、朝と夕方、ココナツの実の元(もと)になる部分を切るのです。
タリア
キュコキュコ
2、3日置くと酒にも…。
ウィ〜
煮つめてシロップに
(「カレヴェ・クラ」)
とろお〜〜
わたしは毎日水でうすめて飲む
うっま〜
いろ〜んな料理に。プラカ芋を煮たり
もっと煮つめてアメに
ペロペロ
ココナツミルクとトロ火で煮てバターに。
(「カペネ」)

⇦ まだまだ食べた。

ブレッドフルーツ
種を植えると大きな木になる。
石焼
ほっくほく
椰子殻炭で
炭焼
炭の上で30分ぐらいコロコロ転がす。
わたしもよくやった。
リセ
ふかして臼でドンドンついて、
ココナツの削ったのと、
椰子の樹液(「カルヴェ」)
入れたらとろ~り甘いスープ
娘も大好き
カリッ!
種
子どもがとりあいになる
ブレッドフルーツ・フライ
(「メイ・ファライ」)

さかな
今まで写真とっただけでも 90種以上…. 漁の種類も数えきれまセン
夜の飛びうお漁「ラマ」
お隣りのジョン
ひゃっ
ヘッドトーチによってくる飛びうおたち
ひと晩で100～200匹すくう。
とれたてを生でガブリッ!
マグロやカツオはトローリング漁で
蟹
グワシッ
ドロンコになってとる!
こうらにココナツつめて煮る。
うまく

ごちそうさま。

リセはよく、娘に花冠や草スカートを作ってくれた。

船の停泊しているところまでバイクで二〇分だ。目的地についた途端、「おなかがすいた」という幼児にイラつきもせず、二〇分の道のりをそのままUターンしてきたのだ。娘にパパイヤとバナナとパンを食べさせて、またふたりは、椰子の林をブロロロォッと出かけていった。

学校から帰ってきたリセはいつもしばらくデロロ〜ンととけたように横になる。ストーブの上においた大福みたいだ。けれども夕暮れ前になると、起きて釣竿を持っては、「ちょっと釣りに行ってくるよ」とすぐそこの海に、やっぱりペンギンみたいによっちらよっちら、出かけていく。その時分は、わたしはいつもこの家の料理をしていて、一緒に行ったことがない。けれど、娘はときどきくっついて行った。

小さな魚をいくつも紐でしばったのを持ってニッコニコ満面の笑顔の四歳児が、リセに手をひかれて帰ってくる。リセがわたしに説明してくれる。

「このブツブツのはガタラ。赤っぽいのがタンガウ。こっちがライ」

そしてそれらをジュウジュウとフライパンで焼く。

そこにいた子どもたちみんなでむしゃぶりつく。うまいっ。なにせたったいままで、海で泳いでいた魚たちだ。わが娘もムシャムシャ食べる。

タリアやリセには、子どもたちを大切にすることは、本当にあたりまえのことのようだった。じつはタリアとリセの息子のバイチウは、実の子でも親戚の子でもなく、他の島からのもらわれっ子だった。学校から帰って、デロロ〜ンと溶けた大福になっていたリセに、バイチウがくっついてきて歌を教えてとせがんだ。バイチウの本にある英語の歌を、横になったまままリセは一緒に歌っては、クシャクシャといとおしそうにバイチウの頭をなでていた。

フナフチでの三日間、反抗する娘に「もうイヤッ！」と怒鳴っていたわたしは、タリアとリセのツメの垢でも煎じて飲まなくては。この人たちの、決して暇ではないのにゆったりとした暮らしと、包むような愛情は、いったいどこからあふれてくるんだろう？

タリアとリセとはよく夜中までおしゃべりした。「ナツ、もう眠いかい」とは聞いてくれない。一二時に島の電気が消えたらいそいそと、ろうそくをつけて会話を続ける。隣国に留学中の娘や息子と一緒に暮らしていたころの話などなど、よく聞かされた。そんなときにタリアは言った。

「いやぁ。ワシらはよく息子たちに言ったもんだよ。与えて、与えて、あたえつくして生きたら、幸せだって。神様はいつもわしらにそうしてくれてるだろ。だから、わしらもそうできるって」

子どもの服は、村共有

バイツプ島に来て三週間もたつと、夢さんは、「セレのとこ行ってくるう〜」「バオプアんとこ行ってくるう〜」など言っては、わたしと離れてすごすようにもなった。日本のわが家ではそんなこと、ありえない。

さて夕方。見たこともない服を着て帰ってくる。

「あれ、夕方の水浴び、向こうの家でさせてもらったの？」

「うん」

娘はニコニコ幸せそう（南太平洋の暑い島々では、小さい子どもは毎日夕方のうちに、からだ

海でサメの赤ん坊と遊ぶ。

を洗ってやるのだ)。次の日、その服を洗って、世話になった家に返した。

「モエミティの世話を、ありがとう」

そのとき。相手のポリネシア母ちゃん、「…?」と変な顔をした。――なんかずれたな、まぁいいや。わたしは続ける。

「これ、服。貸してくれてどうも」

すると先方、「あらやだ。そんなのわざわざ返さなくってもいいんだよ。モエミティにあげたんだから」


そんなふうに、娘が着て帰った服は返そうとしてもいらない、と言われることが多く、どこの子の服だかわからないのがたまっていった。娘が脱いできた服も返ってこない。あるとき、この四歳の日本の子は言った。

「ねぇ、なっちゃん。夢さんのピンクの服、バオプアが着てたの！　返してって言って」

「自分のことなんだから自分で言いなよ」

「言ったけど、返してくれへん！」

やれやれ。しかたなく再度ポリネシア母ちゃんに面談。

「あのね、モエミティのピンクの服。あれは好きなので、返してほしいんだって」

――母ちゃんの顔、何を言われたか理解できないようで、かたまっていた。


察するに――この母ちゃんだけでなく、島のおんなたちはみんな、豚や鶏の世話をして、森にココナツ拾いにいって、プラカ芋畑に行って泥だらけ。水浴びがすんだら、またカレヴェ（椰子の樹液。97ページ参照）を大なべでゴンゴン炊いて、子どもの水浴び、晩ごはん食べさせて……。そんな汗だくの毎日で、子どもの服が誰のものだったかなんて、いちいち覚えちゃいないのだ。

それでもこの優しいひとは、文化の違いをこえてわたしを理解しようと必死だった。

「……ああ！　そんなのがあったっけ。わかった、家で見ておくよ」

それでもピンクの服はなかなか返ってこなかった。

さて、娘が誰ぞの家で水浴びをすませてくるように、夕方になると、この家ではしゃいでいる親戚や近所の小さな子たちを、リセはひとまとめにして水浴び場にほうりこむ。ジャバジャバッとすばやく洗ってやっては、外のわたしに投げるように突きだす。

「ナツ、この子お願い。はい、次そっちの子」

わたしはあわててその辺のバスタオルでからだを拭いてやる。ドギマギするわたしとは違って、子どものほうはすっかり安心しきって身を委ねている。ああ、島の子は、誰かれとなくその辺の大人に世話されることに慣れているんだな。サモアの一歳のエレンを思い出した。

そうして全員洗い終わったリセは出てきて、バイチウの服の入った大きな木の箱から、着れそうなのを見つくろってはポイポイポイッとほうり投げる。やっぱり、返してもらうことなんて念頭に入れてないんだろう。

この島に来る船の上でのこと。デッキで寝るというのに、勝手がわからず敷物も持ってなかったわたしたち母子を、自分たちのござに招いてくれた人たちがいた。枕までふたつ、ポーン、ポーンと投げて「使え」と言ってくれた。ジュースを小さな袋に入れて凍らせたおやつ、「ポロカ（アイスブロック）」もポーンと投げてくれた。

食事はいつも、その場にいる人みんなで。

とても安らいだ。その場にいる知らない人に見守られているって、いいもんだ。

その後なんどもツバル国内での船旅を重ねるごとに、わたしもその習慣を学んでいった。食料やおやつは多めに積みこんで、ござが隣りあわせになった人と分けあう。デッキがぎゅうぎゅうづめになったときには、まず小さな子どもから自分のござに招いて、自分は膝を折ってでも、子どもの足を伸ばして寝かせてやる。この国で、誰もが四歳の娘にそうしてくれたからだ。

けれども、隣りにいるその子の母親は、決してわたしに「ありがとう」なんて言わない。ただあたりまえの顔をして子どもを見守る。

そう、あたりまえなのだ。大人がみんなで、その辺の子どもを世話する。それは、あたりまえのことなのだ。それが誰の子だから、誰かがありがとうを言うなんてものじゃあないのだ。やっとその感覚がわかってきた。

船で夜が明けると、かばんからクラッカーとバターをとりだして、わが娘をまぜたその辺の子どもたちに、塗っては配ってやる。やっぱりツバルの大人たちから学んだ習慣だ。

とても小さな子がトイレに行きたいとわたしに言う。親はどこかへ行ってるようだ。わたしはその子を抱いて、急な鉄の階段をテンテンテンと地下に降りていく。名前も知らない子どもが、細い腕でせいいっぱいわたしの肩にしがみついている。ちぢれた髪があごにこすれてかゆい。その髪の、プーンとした異国の匂いが、強烈な臨場感とともに、わたしを包んだ。

「この子は島に残していって……！」

バイツプ島の大晦日。広場にビスケットの缶やら、ドラム缶やら、アルミ、トタンでできたものをなんでも持ってきて、それぞれガンガン、カンカン、叩きまくる。中国製の爆竹を子どもたちがバンバンやる。新年の夜が明けるまでひと晩じゅう、ずうううっとガンガン、カンカン、バンバン。周りの家は寝られたものじゃない。これが「おもしれぇよぉ〜」とタリアが自慢した行事だった。

しっとりとした除夜の鐘の国からきたわたしは、あきれかえった。でもつい「貸して貸して」とカンカラカンカンやってみたりした。

この島に来てはや三ヶ月がたとうとしていた。タリアとプラカ芋畑（122ページ参照）に行ってその栽培を教わったり、タリアの母・ロゴばあちゃんにござの編み方を教わったり。お隣りのシアヴァおばさんとブレッドフルーツ（98・123ページ参照）やプラカ芋の郷土料理（123ページ参照）をしたり。その周りでいつもわがモエミティやバイチウ、お隣りのイウタナ、親戚のたくさんの子どもたちは転げまわって遊んでいた。

わたしは、もっと伝統の暮らしを残しているというツバル北部の島・ナヌマンガ島にも惹かれていた。また、首都フナフチにて日本のツアーのコーディネート業の依頼もきていた。そろそろお別れのときだ。

その話をすると、タリアとリセの目はそろって赤くなって、涙がにじんできた。ほんとうにおしどり夫婦だ。

娘が寝ついた夜更け、タリアとリセがまたおしゃべりに誘ってきた。何かと思ったらリセが切りだす。

「あのねぇ、ナツ。あたしたちは、あんたがたふたりを、ほんとうの家族だとしか思えないんだよ。ナツはフナフチで仕事、そのあとナヌマンガ島だろう。どうだろう、モエミティはここにおいていったら。首都で預け先に困ることもないし、ナヌマンガ島に行っても、心ゆくまで伝統の暮らしの勉強ができるだろう？　終わったら、またこの島に戻ってきたらいいじゃないか」

びっくりした。どうも本気だ。しかし、母子の旅のオモシロさを実感していたわたしは、ナヌマンガ島だって娘と一緒に行くことしか考えてない。丁重に断る。けれどもふたりの目は真っ赤だ。

うわ、もう、リセの涙は抑えられなくなってこぼれてきている。涙を拭きながら言った。

「ほんとうはねぇ。バイチウみたいに、モエミティを養子にしたいねってこの人と話していたんだ。どうせ日本で帰るのは街なかなんだろう。それだったら、モエミティはこの島においていて、ナツは日本で仕事して、またツバルに来て会えばいいじゃないか。――だけど、そんなことはナツが許してくれるわけはない。だって、ナツにとっちゃ大切なひとり娘だものね。……でもわたしたちは、ほんとうにそうしたいって思っているんだよ」

びっくりの底が抜けた。けれどもこのひとたちの提案は真剣そのものだった。言葉が出なかった。

いまだにわたしの胸の底に脈打っている出来事だ。その「底」でわたしはいまも思いつづけている。縁もゆかりもない子どもを、ひとはそこまで愛せるんだ。ああ、タリアとリセのようになりたい、と――。

養子縁組の話を断ると、「じゃあせめて、せめて」と懇願することには――ナヌマンガ島の滞在が終わったら、日本に帰るまえにもう一度、バイツプ島に会いに帰ってきてほしいと。いやこれが実際たいへんなことだ。ナヌマンガ島は首都からの「北三島航路」で行く。バイツプ島は首都からの「中央三島航路」で行く。ふたつの航路に接点はない（82ページ参照）。つまり、ナヌマンガ島から首都に戻ってから、新たに数日から二週間ほど船を待って中央航路に乗りなおさなくてはならない。その中央航路も行って帰るだけで全四日間。

しかしまぁ、この島に子どもを残してくれと懇願するのを断ったのだ。全人生のうちの数週間くらい、彼らに会いに戻るために費やしてもよかろう。わたしは約束した。

リセは、おそろいの布でわたしと娘に服を縫いだした。

「船で発つ日に、着ていってほしいんだよ」

ブレッドフルーツの料理を毎日教えてくれた、お隣りのシアヴァおばさんもやっぱり、服を縫ってくれた。タリアの妹のエペネサも縫ってくれた。

お隣りのシアヴァとドラム缶オーブンでパンを焼く。

ツバルなどポリネシアの国は、草スカートだけをまとっていた文化からいきなり西洋の服を見たものだから、自国の織物といった「布文化」の歴史はない（ただし、草スカート他の装飾品は各島々で個性豊かだ）。けれども、フィジーから輸入されるプリント布を、これまた外国製の古い足踏みミシンなんかで、ちょいちょいっとワンピースやらアロハシャツやらに仕立ててしまう。ドラム缶でオーブンは作ってしまうし、いまあるものを利用してなんでも自分たちで工夫するのだ。ここでは「手作り」は趣味ですることではなく、必要必然なことで、毎日の暮らしに浸透している。

船が来た。リセはおいおいと泣いた。タリアは、リセが縫った服を着た夢さん――モエミティを連れて家の脇に出た。ティアレの小さな苗が置いてあった。ティアレは育つと真っ白い花をつける樹だ。ツバルではいちばん高貴な花とされていて、その匂いに気品がある。ティアレの花冠をつけて祭りに出る人はとても誇らしげで、周りの人びともその香りにほうっと酔う（8ページ参照）。

「これは、モエミティのティアレだ」

タリアはそう言って、娘の手に自分の手を添えて一緒に植えた。

赤と黒の草スカートと、白いサンゴの島

ナヌマンガ島への北三島航路の便は、ときには首都で一ヶ月も待たなくてはならない。それでもわたしは、行きたかった。

四月。ナヌマンガ島の真っ白い砂利の船つき場で、リセの遠い親戚であるテアギナおばがわたしたちを迎えた。テアギナは、音楽のような独特のナヌマンガ発音で娘に話しかけた。

「♪コエコ・モエミティ（あんたがモエミティ）？」

ナヌマンガ島の言葉はツバル中央語とはずいぶん違う。またいちから覚えなおしだ。わたしはウエストポーチの言葉手帳とペンをなでて願をかけた。

ナヌマンガ島。米粒のような形をした小さな島。その米粒のタテが三キロ。住人は六〇〇

毎日心洗われる、ナヌマンガ島の海辺。

人弱。

海辺は見わたすかぎり、真っ白いサンゴの砂利の浜だ。はだしで歩くとザリッ、ザリッと足の裏が冷たくて気持ちがいい。そして森のなかには、いまだパンダナス葉の草葺《ぶ》き屋根の家々が多く残っている。

わたしはいっぺんに、この小さな島が気にいった。――ああ、自分が居たい場所だ。

日本の本州は住むにはデカ過ぎる。端から端まで六キロほどのバイツプ島だって、わたしには大き過ぎたようだ。


さて、他の離島のことを聞いてもタリアヤリセは、いい顔はしなかった。これがツバル人。とにかく「自分の島がいちばん！」としか言わないのだ。リセなんかいつもこうだ。「ほかの島なんか行く必要ないよ。バイツプ島の文化はそのまんま、ツバルの文化なんだから！」

だから来るまでわからなかったが、ここには、びっくりするような美しい伝統工芸があった。

島のおんながみんな、毎日のようにござを編むのだ。ここでは「キエ」という丈夫な葉で、ござを編む。ナヌマンガのおんなはそれぞれ、森に自分のキエの木を育てている。

長いキエの葉を 100 枚以上、薄く裂いていく。

この島のござは、「地」のキエの葉の上に、さらに別のキエの葉を裂いて染めた赤や黒の薄い「模様葉」を重ねて編みこむ。伝統の模様がいろいろとある。それに新しい模様を考え出して、創意工夫も競う。

このキエの葉を薄く裂いたペラペラの模様葉を、この島では「ガレガレ」という。このガレガレ作りも、島のおんなたちが毎日いそしむ、たいへんな作業だ。キエの葉を切って、トゲをとって、海水に漬けて、薄く裂いて、染めて――と一ヶ月以上の複雑な工程を経て作る。赤はノニの木の根っこと燃やしたサンゴの灰で染め、黒はマングローブの実で染める。

赤や黒のペラペラの薄くて長いガレガレ。これには、ござの模様にする以外にも、使い道がいろいろとある。草スカートを作る。それから、祭りのときに、道や集会所に、日本でいう垂れ幕のように上から垂らして飾る。お墓にも飾る。

青いあおい海と濃い緑の椰子の木々、真っ白い大地のなかの、赤と黒の飾り帯は、胸のすくような鮮やかさだ。

ガレガレは、この島の誇る伝統工芸なのだ。

ガレガレ作りの一つひとつの工程――キエの葉の鋭いトゲをナイフでシャアッと切っていったり、硬い葉を力をこめてクルリン、クルリンと小さく巻いて、海水に漬け込んだり、わたしは毎日、そんな手作業を朝から晩まで学んだ。そしてその美しさと心地よさに夢中になっていった（124ページ参照）。

島じゅうが、あたしんち。

さて、毎日そんなことをしているうちに。わが娘はいつのまにか、島じゅうの人たちとなじみになっていった。

シャカリキになって肉体労働をするわたしは朝いつも、寝床のなかで全身をもんでは「ああ……痛い」とぐずっていた。テアギナおばは五時半には起きて、森の豚小屋とアヒルのえさ場に出かけている。あれ？　横で寝ていた娘もいない。外を見わたす。

ああ、いたいた。お隣りのマロソーばあちゃんのところだ。壁のない小屋で、ばあちゃんがクレープのようなものを焼いている。娘は、その家の子といっしょにそれをあむあむ口に運んでは笑っている。

うううむ。わたしよりずっと気さくによその家でくつろいでいる。ツバル流を会得しているな。三八年間日本の都会人をやってきてしまったわたしは、おずおずと彼らに近づく。

マロソーばあちゃんがわたしを見つけて叫んだ。

「カイ（食べなさい）！　♪ハイアイニスカ・ウロト」

　ほんとうに、この島の人は歌うようにしゃべる。「砂糖は入ってないんだよ」と言ってるようだが、首都やバイツプ島と言葉が違うのでよくわからない。

　こうばしい香りに負けて、パクリ。うまいっ。さわやかな甘さが踊るようだ。

「♪小麦粉に、カレヴェを混ぜているだけだよぉ」

　ばあちゃんは、にたあっと笑った。

　この椰子の樹液クレープに、削った白いココナツをまいて食べると、これがまた絶妙だ。輸入の小麦粉や米も、島で採れたものと折衷させてみんな郷土料理にしてしまう島の人たちだった。


　さて次の日の朝。昨日は森でキエの葉とりをした。からだじゅうが、トゲで傷だらけ。筋肉痛もひどい。「ううん……痛い」はっ、夢さんは？

　こんどはお向かいのトゥイトゥイばあさんのとこだ。島の家は壁がないのですぐわかる。砂利の上に椅子を出して、目玉焼きを食べている。

　トゥイトゥイばあさんは、歯のない口でふにゃらふにゃらと笑った。

「日本の家では卵を食べるんだって。こっちではほら、輸入の卵はめったに来ないから。でも、うちには鶏がたくさんいるよ。毎日食べにおいで」

テアギナの親戚のクルアキはわたしより八歳も年下だが、頼りがいのある母ちゃんだ。島に一軒だけある店で働いている。あるとき、わたしがこの島の神話を聞きにいくといったら、娘は「クルアキといる」とひとりで店に歩いていった。

帰って店に行くと、カウンターの中に、どこから出してきたのか子ども用の小さな机とイスが置かれている。娘がそこでクルアキにもらった塗り絵をしていた。クルアキは南の島のおんならしく、客たちと何やら冗談を言ってはゲラゲラと大笑いをして、ときどき娘をふり返ってほほえんでいた。

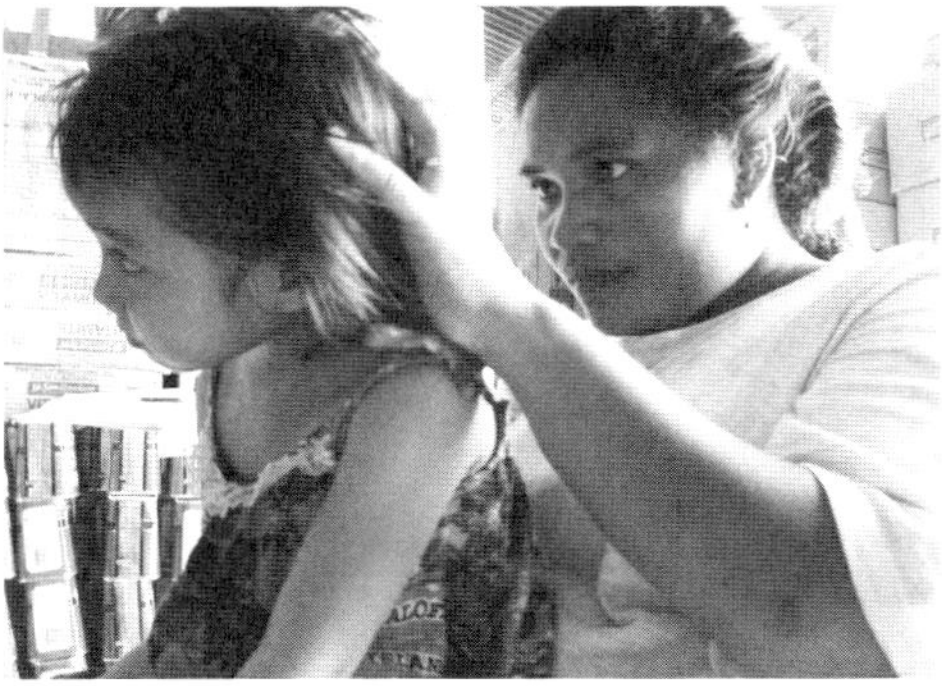
シラミを追うクルアキ。

あるときは店の倉庫で、クルアキが娘の頭のシラミとりをしていた。そう、ツバルに来てもう半年、ついにわたしも娘も「もらって」しまったのだ。ここではシラミは日常。それでも増えるとかゆいので、おたがいに「シラミつぶし」をする。

しかしこれがけっこう、神経を使う作業なのだ。指で髪の毛を一本いっぽんかきわけ、サッと隠れるシラミをすばやく捕まえる。それを頭のすみずみまでやるのだから、丁寧にやると一時間以上はかかる。終わったあとはグッタリだ。クルアキは指を細かく動かして娘の髪をかきわけては、シラミを追う……えんえんとこの作業を続けていた。

クルアキには四人の子どもがいる。毎朝子どもたちにごはんを食べさせ、店に来る。昼休みには家に帰ってみんなに昼ごはんを作る。夕方四時に店が終わってからは森のプラカ芋畑や豚小屋で働き、そして帰って晩ごはんの支度。

そんな暮らしでなお、時間をかけて娘のシラミを真剣にとってやっている。そのしっかりとしたまっすぐな目に、心がずうんと揺れた。

また、男たちがカヌーを作っている大きなファラの木の下に、娘も連れて毎日通ったことがあった。カヌー作りの名人、オシエじいちゃんの言葉をノートにとって、頭を上げると娘がいない。森を探すと、ゴウゴウと大きな機械音を発する、プレハブの小屋の前にいた。この島の発電小屋だ。発電技師のナニセニが外に出て娘を見守っていた。

「発電小屋は危ないから、ひとりで近づかないほうがいい」そう言いながらナニセニは、その日一日、森で遊ぶ彼女を見守ってくれていた。ナニセニがバイクで娘を家まで送ってくれたのは夕方だった。お昼には自分の家に連れ帰り、妻や他の子どもたちと一緒にごはんも食べたそうだ。

こんなふうにどの家でも、娘を迎えいれて家族とおんなじに世話してくれた。

日本に帰って、わたしの両親の家や親戚の家にお泊まりしたとき、泊まった家を数えて娘がこう言った。

「山口のおばあちゃんちに、おきばあちゃんち。……ええっと、日本には、夢さんのウチ、四つもあるで」

そしてこう言った。

「あ、でも。ナヌマンガでは。もぉ、島ぜぇんぶ、夢さんのウチやな……!」

「ウチ」と「ソト」の線引きのゆるさ

島がまるごと家。ああ、そうなんだ、そこには「家族」というさかい目がない。いや実際

森でのどが渇いたら、ココナツを
ゴクリ、ゴクリ。夢さんのいちば
んお気にいりの飲み物だ。

タリアと山菜「ラウルー」を摘みにいった。
これも日々の食事の大切な彩り。(p.193)

ファラの実。

ガシガシかぶると
甘い汁がジュワァ。

毎日の食べ物はみんな森と海から。パパイヤ、ブレッドフルーツ、
飛び魚、豚……白く見えるのはココナツを削ったもの。

大きく育てる栽培方法は
家系の秘伝。

プラカ芋は
ツバルの主食。

皮は緑、むくと白、火を通すと黄色になって甘くてホクホク、ブレッドフルーツ。(p.98)

けさ釣れたマグロで干し魚を作るマロソーばあちゃん。

椰子ガニは夜中に森で獲る。驚愕のウマさ！

皮をむくだけでも重労働のプラカ芋。だから料理はいつも親戚じゅうで。つぶして、椰子の樹液をまぜて、葉っぱに包んで……。

ござの模様をつくる葉「ガレガレ」、赤いのはノニの木の根っこで、黒いのはマングローブの実で染める。(p.114)

ナヌマンガ島のおんなたちは、毎日ござを編む。
ござのおひろめ会ではみんなが「どうだ！」と
創意工夫を競い合う。

ガレガレを細かく
切って縫いつけて、
草スカートの精緻
な模様も作る。

こちらはお墓を
飾るガレガレ。

ココナツと残飯で育てられる豚は、祝いごとには欠かせない。豚を天秤にかけて「大きく育てたもんが勝ち！」という祭りもある。

祭りのたびに、山のようなココナツをむく。

テクアの結婚式。ごちそうの上に、スナック菓子の袋も……！ (p.134)

歌いながら、結婚式の行進。
ブライドメイドのわたしも歌った。
(p.134)

結婚式や祭りで楽しむ伝統
舞踊「ファテレ」。島の人
たちの瞳が輝く瞬間だ。

島ではおんなたちが祭りのためにお揃いで服を縫う。

結婚式。花嫁とブライドメイドは、ひとり15着の手作り服でお色直しをした。(p.136)

の家の壁も少なくて、おたがいの暮らしが見えているせいもあるが。「ウチ」と「ソト」の区別はあるけれど、それがものすごくゆるやかだ。クルアキやナニセニのように、子どもを見ながら仕事をすることも許される。

島役場に娘を連れていくと、役場のみんなが娘を膝に乗っけて遊ぶ。かつて真面目な会社人間だったわたしは、「おいおい、みんな仕事は……？」と心配になった。みんなの幼い子どもたちもその辺で飛びまわって遊んでいる。

島唯一の小学校で教えるウリマも一〇人の子どもを産んだが、どの子も教室でおっぱいをあげながら教えた。そんなわけだから子どもたちだって、学校でも乳のみ子の世話をすることになる。

「一緒くたでええじゃないか」――小さい社会ではそのほうが便利だ。子どもも毎日の暮らしのなかで自然に、他者の世話をすることを身につけていく。

中学生くらいの女の子が大人に言われもしないのに、わたしにさっと飲み物を出したり、手を洗う洗面器を出してくれたりして、よくびっくりした。南の島の子どもたちは、「世話をしあう」という配慮にかけては、北の個人主義のわたしたちよりはるかにはやく大人になる。その所作は美しくて、とてもあったかい。

小学校の教室に、幼児も赤ん坊もいる。

そういえば、この国の人たちは、人の家でも集会所でも気軽に寝る。バイツプ島でだって、誰かがリセを訪ねてきたので「いま、学校だよ」と答えると、「ああ、そうだっけ」と言ったまま横に寝っころがって、気がつくと「グゥ、グゥ」とやっていた。

ここナヌマンガ島でも、おんなたちが集会所に集まって、他島への贈り物のござを編む。わたしも出かけるが、ちょっと編んでいると、「ナツ、ファカパレ（横になんなさい）！」と言われる。

ひと休みしなさいよ、という意味なんだけど、ほんとうにこのおばちゃんたちは、文字通り——横たわる。すごい速さでバサッバサッとキエの葉をしごいて手を働かせているると思いきや、突如！大声で叫ぶ。

「アイヤウェサ!!」

アイヤウェサとは、「どっこいしょ!」という意味の感嘆詞だ。何かと思えば「腰、痛ってぇ～!」そのままゴロ～ン。ござ編みの針道具を入れた空き缶を枕にして、次の瞬間にはもう「ズピ～、ズピ～」。

このリラックスに移る速さよ。枕が固いだろうに、よく眠れるなぁ……なんて考えながら、わたしは口をぽかんと開けて、その寝顔を眺めていた。

暮らしのたくましさとからだの休ませかたのうまさに、深い結びつきを見た気がした。

結婚式で奇声を発する仕事をする

マロソーばあちゃんの娘、テクアが結婚することにあいなった。テクアは一九歳。おどろくなかれ、森に住んでるロトマリエなんか、二三歳で五人の子持ちだ。

さて、おんなたちは、結婚祝いのござ編みに精を出す。あっちでザバッザバッ、こっちでザバッザバッ、赤と黒を編みこんだ美しい模様がどんどんできる。

結婚の二日前には、あちこちの畑から大きなプラカ芋が集められる。豚は殺され、たいま

大量のプラカ芋の皮むき。結婚式２日前。

つで毛を焼かれる。一メートル以上のカツオやサワラでいっぱいになったカヌーが何隻も沖から帰ってくる。

「ナツ、この服着て。花嫁の母親のマロソーが、あんたをウォシリにって」

「何、ウォシリって」

「ブライドメイドのこと。さ、はやく」

おっ、マロソーばあちゃん、外国人のわたしに花を持たせようという粋《いき》な取り計らいだな。なんと光栄、お受けしようではないか。――という返事も言わないうちに腕をひっぱられた。

花嫁とふたりの「ウォシリ」＝ブライドメイドは新しく仕立てられたワンピースに白い花冠、真っ赤なガレガレ（キエの葉の装飾テープ）の首飾り、伝統模様を縫いこんだ草スカート。これぞ「ハレ」という華やかさである。

着飾ってもらって、ふんぞりかえってりゃいいのかと思いきや――。「ちょっと、これやって」「こっちもよ」、天井もひっくり返らんばかりの料理の渦のなかに巻きこまれた。なんと花嫁のテクアも一緒に立ち働いている。

芽の出たココナッツ「ウタヌ」（96ページ参照）を一〇〇個以上、臼でドンドンつく。ブレッドフルーツもつぶして椰子の樹液と混ぜ、葉っぱにくるんでドラム缶で次々と焼く。こっちでは、網で捕った野鳥が一〇〇余羽、山積み。これ、ぜんぶ羽をむしれって……？

ブライドメイドはヘロヘロになった。夕方、わたしはこの修羅場をこっそりと抜けだして、真っ白いサンゴ砂利の海辺に出た。

白い玉砂利がどこまでも広がる浜と、世界の美しさを凝縮したような、青いあおい色の海。そのすべてがこのひととき、オレンジ色に変わる。幾千里の海を渡って、このからだを通る潮風で、すべてが洗い流される。ここに来ると、自分のいちばん深いところに戻れる。

あれ？　あそこでのびているのは……？　先客がいた。花嫁のテクアともうひとりのブライドメイドも、抜け出してきたのだ。テクアによくなついているわが娘も一緒だった。太陽が海の向こうにゆっくりと落ち、真っ赤に染まった玉砂利の海辺。幼児がひとり貝拾いをする横で、晴れ着姿の三人の女はいつまでもバテて起き上がれなかった。

翌朝、結婚式当日は、朝六時に叩きおこされた。この三人はまた新しい服を着せられ、花婿の家の周りを掃きそうじするというしきたり。そのあとさらに新しい服に着替えて役場で結婚届、つづいておおぜいで歌いながら島を行進。そして全員が白い衣装に着替えて教会で挙式、息をつく間もなく集会所で、みんながあぐら座りの披露宴へとなだれこむ。

披露宴では椰子の葉で編んだ大皿に、野鳥、豚、プラカ芋の料理……ごちそうがてんこ盛り。その上には、スナック「ボンゴ」の袋ものせてあった。

輸入の菓子は「ごちそう」なのだ。しかしわたしには、懐石料理のタイのお造りの上にポテトチップスの袋がのっているように見えた……。

結婚の宴では、ツバルの伝統舞踊「ファテレ」が舞われる。長方形のテーブルほどの大きさの、低く平たい木箱。男たちがそれを取り囲んで一定のリズムで力強く叩く。バーン、バーン！　腹の底まで響く。草スカートで着飾った踊り手たちは優雅にゆるやかに舞う。他の人びとはみんな周りで大合唱と手拍子。

毎日、豚の糞と泥にまみれて働く人たちが、この舞踊の瞬間、格調高く美しい芸術集団になる。踊りも歌も自分たちで創るのだ。その調べに身をまかすとき、この人たちの瞳は、別

眠い目をこすり、花婿の家の周りをそうじ。

世界からの使いのように、突きぬけて輝いている。

さてもうひとりのブライドメイドが突然すっとんきょうな声をあげて、ファテレの踊りの列からクルクルッと飛び出した。

「キョォォォ〜ヒョオオオヒェエエエエ〜〜〜！」

じつは伝統舞踊ファテレでは、感極まるとアドリブでくるくると回転踊りを入れる。同時に奇声も発する。これを「マーネアネア」という。奇声はメロディーのように流れるので、これはこれでとても美しい。――どうやら、結婚式のファテレでは、ブライドメイドはマーネアネアをして盛りあげる役割らしい。これはまずい。恥ずかしいぞ。……わたしは、そのブライドメイドにむんずっとつかまれて、あれよというまにど真ん中に引きずり出されてしまった。みんなが注目するなかで、「こうするのよ」と見本を示される。

「ヒョォォォォホォォォ〜！　ヒェエエエイイエイエイエ！」くるくるくるりん！

理性を捨てきっている。みごとだ。気弱なわたしにできるわけがない。しかしみんなが見ている。ここはハレの舞台。……ええいっ！

——わたしはオンチだった。アドリブ奇声がオンチだと、すばらしくマヌケに響いた。しかし、大笑いの渦は勝ちとった……。


二日目の朝六時の花婿の家そうじ、わたしはついに寝坊で不参加。花婿の家の親戚たちは、島始まって以来の怠け者のウォシリだと、ゲラゲラ笑ったそうだ。

二日目の晩の宴まで、わたしたちブライドメイドが着替えた新しい手縫いの服の数は、ひとり一五着だった（128ページ参照）。

あっ、焚き木だ。拾わなくっちゃ。

テアギナたちと焚き木拾いにいくときは、娘も喜んでついてきた。古くなったココナツ。枯れた椰子の葉の根もと。これらは火が長持ちする、いい燃料だ。そして、ココナツの房にはかならず傘がある。これを「タウメ」という。裂くと柔らかくなって、しかも油分に富んでいるので、火つけの大切な材料だ。枯れたのがいくらでも落ちている。タウメは軽くて子どもでもたくさん運べる。

テアギナがよく、火床の横の棚を見ては、「あれ、タウメが切れてるわ。モエミティ、その辺から拾ってきてくれる?」と頼む。すると娘はうれしそうにパタパタと海辺の椰子の林に行っては拾ってきた。自然のなかで物を「拾う」という仕事は、子どもにとってはワクワクする宝物探しだ。石や貝拾いしかり。

ナヌマンガ島からフナフチに帰ったときのこと。この首都では、みんなガスや灯油のコンロを使っていて火は焚かない。ところが娘は道端にタウメを見つけた。

「あっ、タウメだっ！」

反射的にパタパタと駆けよって、抱きしめた。

「夢さん。あのね、フナフチではほら、火を起こさないでしょう。だからいらないんだよ」

と気の毒になりながらわたしは言った。

「……そっか」

娘はタウメをもとの地べたに置いた。わたしたちは数歩あるいた。沈黙のひととき。

突然、彼女はふり返って駆けていった。

「でも、やっぱり、いちおう、拾っとく」

いとしいものをもう一度、しっかと抱きあげて――、わたしのほうに戻ってきた。切ないほどに、彼女の気持ちがわかった。


こうしてわたしたちは、八ヶ月をこの南太平洋の小さな島国ツバルですごし、やがて日本に帰る日がやってきた。

初めてツバルに降りたった日、ギャアギャアとわめいていた四歳の小さな人は、五歳になっていた。帰りの飛行機の中では、わたしにツバル語と日本語のちゃんぽんでしゃべっていた。

わたしたちを「本当の家族」と言ってくれたタリアとリセとは、再会を固く誓いあった。ツバルはわたしにとって、単なる旅の先ではない地になっていた。家族のいる、もうひとつの祖国だ。

「必ず、またツバルに帰ろう。けれど、いつになるだろう?」

ノート一冊でいく学校

ところが。ツバル語の日常会話はなんとかできるようになっていた私に、首都フナフチでの通訳と取材コーディネートの依頼がきた。なんと帰国後半年で、ふたたびこの国の土を踏むことになったのだ。

わたしはすかさず、先方に相談した。仕事終了後は離島に行きたいので、現地解散をお願いしたいこと。また、娘のぶんの旅費はわたしが出して、一緒に連れていくことを了解してもらうことを。

半年ぶりのツバル・首都フナフチでは、友人たちに「戻ってきたよ」と挨拶する暇もなく仕事に駆けまわった。ところでそのあいだ、わが娘はどうしたか。

「モエミティ、ことし六歳になるんでしょう。それじゃあ学校だね」

「学校？」

ツバルでは日本より一年はやく小学校に入学するそうだ。

「夢さん、学校行ってみる？」

「……うん！」

ということで、ふたりで島のプライマリースクールの校長室に行った。

女校長が言うことには――

「じゃ、明日からノート一冊と鉛筆、持ってきて。それから朝一〇時のブレイクのときの軽いお弁当」

「それだけ？　何か手続きは？」

「べつにないよ、そんなもん」

明るい水色の制服の子どもたちが道を行くのは、以前から見慣れていた。
校長「数ヶ月いるだけなんでしょ。べつに制服は着なくてもいいわよ」
娘「え～、夢さん、着たい～」

毎日ごきげんで学校に通いはじめた娘。

店には、娘にはダボダボサイズの制服しか売ってなかったので、友だちにそれをちょいちょいっと補正してもらった。ミシンはお手のもの、のツバルおんな。糸の色が布と違っていても気にしないので、水色の制服に緑の縫い目が走っているけど。

毎朝眠い目をこすりながら弁当を作った（なにせ、学校は七時四〇分に始まる）。一〇時には、学校の広場は軽食を売るおばさんたちやごはんを届けにきた母ちゃんたちで賑わう。その時間は、わたしは仕事。一〇時に息子のごはんを届ける母親友だちが、いつもおかずを分けてくれて、娘の面倒も見てくれた（5ページ参照）。

一年生の教室には椅子や机はない。歌ったり踊ったり、先生の周りに集まって本を見たり。ノートを使うときには、地べたにおいて書いていた。寝転んで書いている子もいる。

あれ？　バイツプ島でお隣りだったイウタナもいるじゃないか。聞くと、親の用事で数ヶ月フナフチに出てきてるんだという。——そうか、ツバル人はよく、地元の島と首都を数ヶ月単位で行き来する。そんなだから、生徒数はしょっちゅうコロコロと変わって流動的。転出入届けなんてやってられないわけだ。

担任の先生が名簿に手書きで新しい子どもの名前をくわえたり、離島に帰った子を線で消したりする。連絡先名簿なんてなくても、学校で何かあればその子の親がどこにいるかは、その辺の人に聞けばすぐわかる。それでじゅうぶん、合理的だ。

人口が一万人のツバルにいてよくハッとするのは、わたしが日本で慣れ親しんだ書類や手続きがいらないときだ。

「そうか、必要ないんだ。ここではそんなの」

小さいってことは、不便なこともももちろんあるが、じつは便利なことも多いのだ。

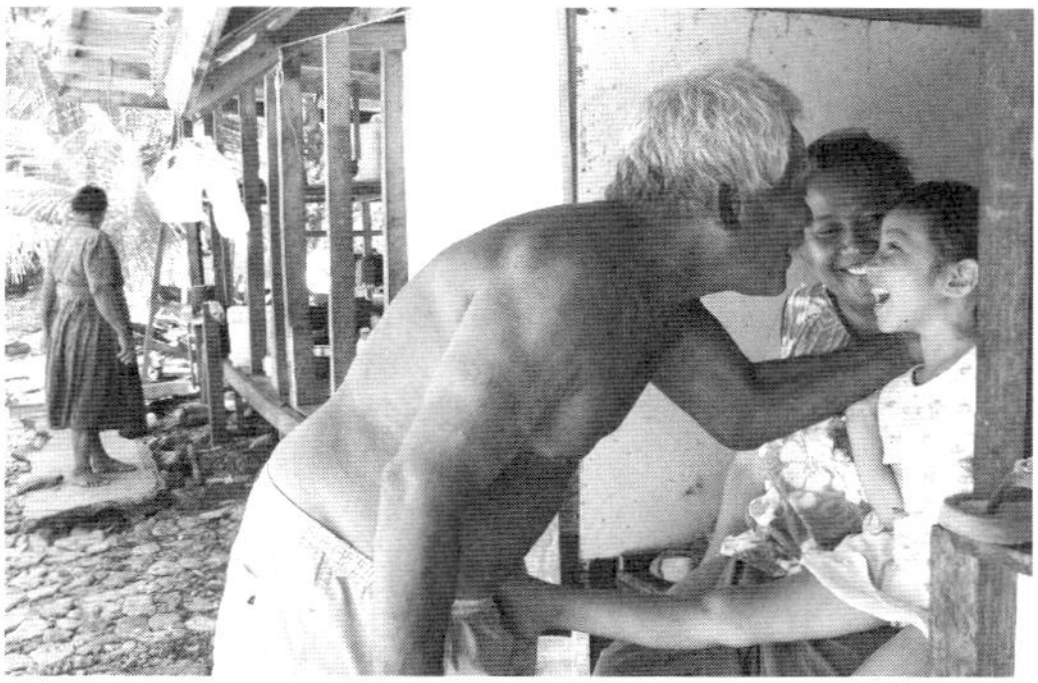

シンガノじいと娘。

二八人の孫といっしょに

狭い島に五千人が住む、超過密の首都・フナフチ。土地がないので離島のような自給自足の暮らしは消え、毎日食べるのは輸入のオーストラリア米と魚の二品目。そんなこの街が、わたしは好きになれなかった。

が、こころから好きになれた「ひと」は幾人かいた。シンガノじいちゃんはそのひとりだ。ふとしたことで知りあってから、じいちゃんの海の前の小屋に足を運ぶようになった。

娘・夢さんの放課後のお迎えは、シンガノじいが行ってくれた。夕方、仕事を終えたわたしが小屋に行って夢さんをひきとる。

シンガノじいには娘・息子が九人、そして孫はなんと二八人いた。迎えにいくといつも、わが娘はうじゃうじゃいる子どもたちにまぎれて、どこにいるのかよくわからなかった。

そして大人数でのびのびと遊んでいた。みぃんなすっぱだかで海でバシャバシャ。坂のてっぺんから、ダンボール板に乗って白い玉砂利の上を海へとズザザーッとすべる「そり遊び」。リヤカーに乗ってグルングルン、遊園地のコーヒーカップみたい。いつもキャアキャアという歓声が、遠くからでも聞こえてきた。

シンガノじいが椰子の木を切る。椰子の木のてっぺんは、巨大なタケノコのような新芽がひそんでいる。シャリシャリ食べると、その瑞々しくてさわやかな甘さにびっくりした。おおぜいの子どもたちがわらわらと群らがる。もちろん娘も、このどこかに……。シンガノじいは、小さい子どもから順番に、ひと切れひときれ、ナイフで分けてはわたしてやっていた。

あるとき迎えにきたわたしを、娘をまじえた子どもたちがひっぱった。

「見て、見て！　けさ生まれたんだよ！　子豚！」

見ると五匹ほどの小さいちいさい子豚が母豚のおっぱいに吸いついている。まだ目も開いてない。小さな子どもたちは、豚小屋の金網にしがみついて、いつまでも動かなかった。かれらの目も娘の目も、キラキラと輝いていた。その辺の葉っぱを摘んできたシンガノじいが子どもたちをかきわけて金網の中に入り、母豚にやる。年とったシンガノの目もとも、うれしそうだった。なんでもない日常のなかに、命は生まれる。そのなかで育つ、この子どもたち。

ある日、シンガノじいの娘のひとり、気さくで男っぽいフェウソギが、近所の人のために熱さましの薬を作った。

ツバルにはありとあらゆる薬草の伝統がある。万病に効くノニの実や葉、妊娠中によいカナヴァの木の枝、月経不順にマングローブの根……。どこの島でも、病気によって「消化器系の病気ならあの家の者」「怪我ならあっちの家の人」という感じで、家系ごとに得意分野が受け継がれる。

シンガノじいは、なんでもよく知っている。かくて娘・息子たちもそれを受け継いでいるのだ。

フェウソギは森でタウスヌの木の枝と、それにファラの木の根っこをブンと切った。それらを削って布に入れてギュウウウウッと搾る。濃い赤茶色の液体。味見をする。う、……うーん、本当に「木」の味だ。おがくずを搾ったらこんなだろうか？

「写真、撮るならあたしがモデルになるよっ」

フェウソギは赤い液体を飲む真似をして、「がはははーっ」とひっくり返って笑った。

ファラの根を削るフェウソギ。

やっぱりシンガノの娘であるコレタは、一歳の子どもアネイに湿疹ができたとき、藪で蔓《つる》性の植物、フェタイの葉をとってきた。

「これを水のなかでよくもんで、水浴びさせるの」

数日続けているとアネイの肌はすっかりよくなった。

「ほらねっ」

コレタは得意げに笑った。


シンガノがあるとき言いだした。

「ナツ、なんだったら、モエミティをうちの養子にしたらいい。なに、簡単だ。ワシが役所に行って書類を書けばいいんだから。そうしたら、モエミティはいつまでもツバルにおれる」

——また出た。わが娘を「養子に」の申し出。二八人も孫がいても、まだ「養子においで」と言っている。この国の人たちにとって、子どもをもらうということは、本当におおごとではないようだった。

「手」のほわっとエネルギー

首都での仕事がすんだ。やっと、タリアやリセが首を長くして待っている、バイツプ島へ……。船を待つこと二週間を経て、めでたく再会！

ところが。なんとわが父タリア、あの壁のない高床式の小屋で、寝こんでいるではないか。あちこち痛がりながら。

通風だ……。ツバル語で「ググ」。この国では、輸入の白い米や白い小麦粉、それに砂糖を山のように食べるようになってから、通風と糖尿病が急増している。タリアは「死んだじいさんもそうだったから、遺伝だよぉ」と言っていたが。

あわれタリアは、いまや娘と森の豚小屋にも行けない。寝床から訥々《とつとつ》と言った。

「ナツゥ。すまんのう。カレヴェ（椰子の樹液）を毎日飲んどったのにのぉ。もう、朝夕のカレヴェとりもできんようになったわぁ」

わたしはリセと一緒に、この悲しい父の足をさする日々となった。

近所に住むタリアの母、ロゴばあちゃんが、夜中も痛がる息子を看病するために、この小屋に泊りこむことになった。わたしたちが最初に島に来た日、タリアに、「この母子はわたしが面倒見たい」と言った、あのばあちゃんだ。

それに親戚のテリカも毎日手伝いにきていて、タリアをマッサージする。海辺の家に住むサペタおばは通風用のマッサージがうまい家系なので、毎日通ってくる。かくて、とっかえひっかえ何人もの人びとが、タリアの足をもみもみ、こすこす、とんとんしていた。

――それにしてもこの国の人たちは、なんと長い時間、ずうっと、ずうっとマッサージすることよ。いつ出発するかわからない船を二週間でも三週間でも、のんびり待つ人たちだから、それと同じ時間の感覚だろうか……。

病人は日曜日の教会にも行けない。そんなときには「出張礼拝」。教会メンバーがたずねてきて、聖書を読んできかせる。病気の回復を願う祈りを唱えて、それからいつものヨタばなし。

――病気になると、えらく賑やかになるのだなぁ！　わたしは感心した。いつも、寝ているタリアの周りを、誰かれがワイワイと取りかこんでいた。

ある日、わたしも森で脱水症で倒れた。この熱帯では、つねに飲み物をグビグビと補給せねば、からだがシビれてくるのだ。うっかりしていた。ああ、フラフラでなんにも見えない――。誰か親戚の若者がバイクで迎えにきて、わたしを乗せて連れ帰ったらしい。

とりあえずは必死で水をたくさん飲んで、あとは気が遠のくままにまかせていると……あれ、なんだかとてもほっとする。気持ちがいい。なぜだ……。

なんと。大の字になっているわたしの四肢を、四人の子どもたちがマッサージしているではないか。マッサージテクニックもなんにもない、ただモミモミしているだけ。片方の腕なんか、その指があんまりちっちゃくって、こそばゆい。でも、じわあっとからだがあったまってくるから不思議だ。その周りで、リセやテリカやロゴばあちゃんが心配そうにのぞきこんでいる。さらに後ろの寝床からは、タリアが子どもたちのマッサージにあれこれ指示をしている。

この国では、具合が悪くなると、とりあえずその人をさすったり、もんだりするのだ。ともかく触る。――これがほんとの「手当て」。そのあとで、もうちょっとテクニカルな伝統マッサージ「フォア」を知っている家系の人を呼びにいく。

弱っているときに、からだをあったかくさすられて、「だいじょうぶか?」と見つめられる。ずっとそばにいて、長いあいだ手足をもんでくれる。こんなことが、なんと癒しになることか。あとはこの人たちにまかせきって、自分はぐっすり眠るといいんだ……そんな深い安心感。

子どもたちのちいさな手の熱いエネルギーが五臓六腑に染みわたるなかで……。ああ、まだまだこの島に、教わることがたくさんあったんだなぁ。——そう感じつつ、眠りに落ちていった。

次の日には、すっかり元気になっていた。

ロゴばあちゃん

わたしと娘は、タリア自慢の手作りのセメントの母屋で寝ていた。が、壁のある家はものすごく暑い。わたしたちも、タリアが寝ている壁なしの高床式小屋に一緒に寝ることになった。タリア、リセとロゴばあちゃん、それにわたしたちふたりが、くっつかんばかりに横たわる。

夜中にタリアのうなり声が聞こえる。見るとロゴばあちゃんがさすっている。

「よしよし、痛いか。どこだい。よしよし」

わたしはというと。昼間についつい、森にココナツ拾いにいって汗だくになったり、椰子の皮の縄ないを練習して腕の筋肉痛になったり。夜はとても起きあがれない。ご、ごめん、ロゴ。寝かせて……と心でつぶやきながら寝たふり。

ロゴばあちゃんは昼間も灰まみれになってプラカ芋を石焼する火床をつくったりしているというのに。

ばあちゃんが、毎日手伝いにきているテリカと冗談を言っている。妻のリセは別格で、テリカ、ナツ、ロゴはタリアを守る三人のよき看護婦だと。島の南にある診療所に、実際駐在している三人の看護婦の名前がソコリト、マカガ、サリリというのだそうで。

「ナツ、あんたはマカガだ。あたしゃサリリ。ほい、マカガ、そこのプル（ココナツの外皮。焚き木）とって」

ロゴばあちゃん。

わたしは焚き木をロゴばあちゃんにわたしながら言った。

「いやぁ。看護婦マカガは怠けもんなんで、夜中には起きてお世話ができませんで……」

すると大笑い。

「あっはっはっは、マカガは怠けもん看護婦。ついでに寝坊看護婦。あっはっはっは」

タリアの黒いサングラスをひょいとかけ

てこっちを向く。
「マカガ、どうだい」
この看病の場にロゴばあちゃんがいると、オレンジ色のカナヴァの花の木を通ってくる風も、柔らかくなるようだった。

タリアの通風がよくなって、ロゴが家に帰っても、わたしはちょくちょくロゴの家を訪ねた。行くとかならず「ナツ。ヴァウ（おいで）！」と言う。

ロゴに限らず、この国では、わたしの好きな優しいひとたちは目が合えばかならず「おいで」という。――どんなときでも、受け入れる――それが人に対する態度だという伝統が、この国にはある。

そして編んでいるござの手をとめて、「おなかはすいてないか。何をしていた」と、あれこれ聞いてくる。でも、「ロゴの顔が見たくてきたんだ」とは、恥ずかしくて言えないわたしなのだった。

一緒にござを編んでいると、近所に住んでいるたくさんの孫や遠縁の子どもたちが、とっかえひっかえ入り口に顔を出す。ロゴはそのたびに手をとめて、そっちを見て言う。

バイツプ島の内海。

「ヴァウ（おいで）！」

するど小さな子はパタパタとよってきてチョコンとロゴの膝に座る。ロゴはガリガリの腕で子どもを優しく包みこんで、顔をのぞきこみながら聞く。

「おなかすいてないか。台所にメイ・ファライ（ブレッドフルーツのフライ。98・123ページ参照）があるよ」

「どうした。何してた」

一日じゅう一緒にござを編んでいると、何人もの子どもや、それに大人も、そうやってロゴとのひとときを求めてくる。みんなわたしと一緒なんだ……。

――与えて、与えて、あたえるんだ――

タリアの言葉を思い出した。ロゴといると

全身が洗われていくような心地よさがあった。くめども尽きない豊かさと優しさ。ひとの心には、ほんとうにそんなことが可能なんだ。


それにひきかえ人間の小さいわたしは、ござを編んでいるとついその作業に夢中になる。

「今日じゅうに三分の二の段まで編めたらいいな」

ところがロゴは、作業の進み具合なんてさほど気にしていないようだ。誰かれ来るたびに手をとめて、ゆっくりと相手の目を見て、語らっている。

南の島の人は、結果よりもその時そのときの心の状態をいちばん大切にする。そういう感性が身についている。

つい一生懸命になるわたしを、ロゴは横からじっと眺めて――。

「はい、今日はここまで」

ござを畳もうとする。

「ええっ。のってきたのに。もうちょっと」

するとそっと向きなおって、わたしの目の奥を見てから、笑った。

「休みやすみ、だよ。水浴びでもしておいで。それからゴローンとするといいよ」

ロゴに言われて冷たい水を浴びると、頭に血がのぼっていたのがサアッとひいた。家の前の緑のブレッドフルーツの木の下で横になった。葉を揺らす風は涼やかで、生きた心地が戻ってくる。

視界に広がるのは真っ白い砂の広場と、限りなく明るい青の、ただもう青の、海だった。

column「沈む島・ツバル」の新事実について

「ツバル？　ああ、あの温暖化で沈む島国でしょ？」近年のマスコミ情報から、ツバルといえば、そういうイメージを抱いている人が多い。じつはわたしも2005年と2006年、首都フナフチで日本のマスコミの取材アレンジをした。当初わたし自身は、フナフチの海岸浸食や年一度の大潮のときに起こる洪水の要因が、温暖化による海面上昇なのか、他にも何かあるのか、まったくわからなかった。が、ともかくも「グローバルな環境保全を訴求するのはいいことだろう」と、多くの「温暖化で危機となるツバル」の番組作りのお手伝いをしていたのだ。

しかし2006年以降、地球環境や地形学の研究者の方々による、フナフチの洪水・海岸浸食にはローカルな別要因もあるという調査結果が複数発表されている。ツバル社会の未来を考える上で大切なそれらを紹介し、お手伝いした番組関係者や視聴者の方々にも新事実としてご報告したい。

2006年発表のWebb氏の調査（EU-SOPAC Project Report 54）では、1941年と2003年の航空写真を比較して、首都の島に起こった土地変化を解説している。島の中心は第二次世界大戦前、大きな海水沼（タフア池）と、それを取り囲む広範囲な湿地帯だった。戦中に進駐したアメリカ軍が、1943年にその沼を埋め立て、軍用滑走路を建設。いま大潮時に洪水になるのはその埋め立て地や、埋め立てのために土砂を掘削してできた多くの窪地周辺だ。また、侵食で椰子の木々がなぎ倒された海岸も、米軍の埋め立て地だ。氏は戦中の突貫工事による土地大改造が、洪水や海岸浸食に多大な影響を及ぼしていることを指摘している（「参考」1）。

また、2007年に発表された国立環境研究所・山野博哉主任研究員、東大・茅根創教授らのグループの研究では、フナフチの人口過密化の及ぼす影響にも焦点をあてている。19世紀末に251人だった島の人口は、現在約5000人。この人口急増にともない、ごく小域に限定されていた居住地が、大潮時には海水の上がる湿地帯に広がってきたことが、19世紀末から2004年までの土地利用地図によって示されている（「参考」3）。面積にして1.4km四方ほど、しかもその大部分が湿地帯だった小さな島に、5000人と政府庁舎・病院・舗装道路他のインフラ。これらが洪水の要因となる可能性を指摘している。そして各地の環境問題は、土地改造や人口問題などローカルな歴史的変遷・経済・社会的事情をふまえ、検証していくべきだとまとめている。

首都が抱える深刻な問題・課題には、水不足やゴミ、災害対策などもある。そして、ツバルはどの島も地盤の弱いサンゴ質であり、また海抜が低く海面上昇などのグローバルな環境変化に弱いことは事実だ。ツバル近海の行く末については諸説あるが、様々な新調査をふまえながら未来を考えていきたい。

＊「参考」1・3他、出典・参考資料は、p.236に挙げています。ご参照ください。

第四章　いつか島が、変わり果てても

「コンクリートはかっこいい！」

ギラギラの炎天下、白いサンゴ砂利の上、男たちがブロックをいくつもかついで汗を落とす。バイツプ島に、大ゲストハウスの建築が始まったのだ。島の大きな行事のときに賓客を迎える宿泊施設、二階建て。建築費七万オーストラリアドル（当時で七〇〇万円）はツバルへの有力な援助国・台湾から。

セメントや鉄筋がこの島にどんどん運びこまれた。島をあげての建築作業に、男たちはとりくむ。

バイツプ島のおとこは働きっぷりがいい。みんな汗をキラキラさせて、かっこいい。

しかし、どんどんできてくる建築物は……鉄筋とコンクリートの柱。ブロックを高々と積みあげる壁。

うわ。できあがるゲストハウスはどれだけ暑いことだろう。

ナヌマンガ島にいたとき、隣りは、昔ながらのパンダナス葉で屋根を葺いた、壁のない小

鉄筋とブロックのゲストハウス。

屋だった。胸に染みいる美しさで、周りのブレッドフルーツの木や椰子の木々ととけあって笑っているようだった。

その中で、よく昼寝した。屋根の下に足を踏みいれるだけで、さぁぁっと汗がひいて、びっくりした。パンダナス葉の屋根が熱を吸いとってくれているんだ。

ツバルのギラギラ太陽は肌に突き刺さる。誇張ではなく、痛いのだ。でもこの小屋で寝ていると、そんな外の太陽を忘れる。涼しい風がからだをすり抜けて踊る、心地よい別天地だ。

フナフチのシンガノじいちゃんの小屋も、壁がない昔ながらの作り。いつも海からの微風に洗われ、キラキラと輝く波を眺めながら、みんなで食事した。それだけで、生きる喜びがからだからあふれてきた。

つい最近まで、ツバル人は、みんなこんな涼しい家に住んでいたんだ。バイツプ島だって一九八〇年代まではほとんどがパンダナス葉の屋根だったそうだ。それがいまでは、みんなトタン屋根とセメント壁の暑い、暑い家だ。

目の前で、灰色のブロックを積みあげる男たちが、汗に光る額をぬぐってわたしに声をかけた。

「どうだ？　かっこいいゲストハウスだろう！」

みんなとてもはりきっている。島の自慢の建造物になると。

パンダナス葉の家を、壁とトタン屋根に作りかえる。周りをセメントで囲むと汗がダラダラと流れ出てくる。そこでみんな、「暑いなぁ」と扇風機を買う。首都フナフチにあるツバル唯一の三階建て、近代建築の政府庁舎は、エアコンをがんがん効かせている。

それでも、この暑い暑い国で、四方を壁で囲むこと自体がおかしいのだとは誰も言わない。

「ニュージーランドは最高よぉ」

村から離れた森の奥、目の前に、優しく光る海の広がる、小さな小屋。わたしはタリアの妹・ラロイフィとござに刺しゅうをしていた。ラロイフィはニュージーランド住まい。つい最近、里帰りしたのだ。

「ナツ。わたしは、一一年、この島に帰らなかったのよ」

化学染料でド紫に染まった薄いキエの葉を平たい針に通しながら、ラロイフィは言った。

「オークランドで夫婦で清掃業をやっているの。一生懸命働いたわぁ」

「なんで帰らなかったの？」

「もちろん、永住権をとるためよ。やっと三年前にとれたの。それからまたお金貯めて、休みの調整して。どれだけ帰ってきたかったか……」

ラロイフィの針が、ござを上下に通ると、ござに紫の線がスウーッと走る。わたしもまね

ござに刺しゅうをするラロイフィ（左）。

して針をござに通してスウーッと……ブチッ！

あ、葉が切れた。

「初めてなら、少しずつ通すといいわよ」

ラロイフィはツバルのおんならしく、おおらかにわたしを見守る。


目の前の白砂の海辺では夢さんとラロイフィのふたりの子どもたちが追っかけっこをしている。かれらはニュージーランド国籍。ツバルに帰ってきたときは、外国人と同じようにニュージーランドパスポートに入国スタンプを押してもらったそうだ。


「夫とふたり、ずっとこれが夢だったから。一生懸命働きさえしたら、街にはなんでもある。子どもの学校のことだって、都会だったら安心だわ」

わたしはじっと聞いていた。

「ねぇ、ナツ。わたしたちだって、日本のように、なんでもそろっているところできれいな暮らしがしたい。わかるでしょう」

わたしは、日本の街なかで生きることに悩んできた自分を思い出していた。けれどそれをいま、ラロイフィには言えないでいる……。

わたしはたぶん、都会の根なし草のような生い立ちだからこんな島の暮らしに強烈に惹かれてしまうんだ。

もしこの島に、島のおんなとして生まれていたら？　自分の性格から察するに、狭い世界から出ていきたがるはずだ。まさに、ラロイフィのように。そしてそう決めたら、どんなことだってするだろう。ラロイフィのように。

太陽が海に迫ってきた。白砂も遊ぶ子どもたちも、桃色とオレンジ色に染まっていった。

タリアの親族のたくましい男たちが一〇人以上、そろって森の奥にプラカ芋の収穫に出かけた。わたしもカメラを手にトラックに飛び乗った。

タリアのプラカ畑、その兄の畑、弟の――。あちこちハシゴしてはどんどん掘る。のどが渇いたら若い衆が椰子の木に登ってココナツをぼんぼんとほうる。下にいる男たちは、それを拾って先っちょをナタで切って、ぐびぐびと飲む。

「このプラカはパイパイタリガっていう種類で、ねばりけがあるからマッシュ料理にいいんだ。こっちのでかいのはイカラオイ。石焼きやらカレヴェで煮るのにいい」タリアの兄弟たちが説明してくれる。

「こんなにプラカ芋とって、どうすんの？」

「ラロイフィがニュージーランドに帰るから、お別れの宴だよ」

ああ……、そうか。

森での大収穫がすんだら、村に帰って大料理会。

でっかいプラカ芋を削っていく。大きなカツオはまるごと、椰子の葉を編んで包んでいく。焼け石のあいだに葉で包んだ魚や芋が埋めこまれていく。豚は殺され、鶏も殺され。いったいこの親族、何人いるんだというほどおおぜいの女や男が立ち働いていた。

おかしいのはラロイフィもそのなかで汗だくになっていること。ナヌマンガ島のテクアの結婚式でもそうだったが、主賓はふんぞりかえっていろ、という文化はここにはないらしい。

そして夜に大宴会。椰子の葉でつくった大皿に、あらゆる料理がてんこもり。ひと皿でゆうに五人分はある。その皿が三〇以上、ズラ〜リ！

ごちそうを前にしてのスピーチで、ラロイフィは胸をはって言った。

「ニュージーランド。あそこの暮らしは、すばらしいです。まじめに働きさえしたら、店にはなんでも揃っています。町はきれい。学校もよりどりみどり。大切な親族であるあなたがたを、ぜひあそこに連れていきたい……！」

島を発つラロイフィのために、親戚じゅうで大料理。

宴会がすんだ夜中、通風が痛んで家で寝ていたタリアと、ラロイフィのことを話した。タリアは言った。

「……おっきな国なんて、いいことないのになぁ。なぁ？」

妹とは意見が違うんだよ、そんな顔でわたしを見て、にかっと苦笑いをした。タリアはわたしの複雑な心の内を知っているみたいだった。

でもこのときも、わたしはやっぱり何も言えなかった。

ラロイフィたちが発つ船が来た。ラロイフィはタリアの寝床をたずねて、兄を抱いて泣いた。タリアもおいおいと泣いた。……見るとタリアの弟、ソロモナもその後ろにいる。動けないタリアの代わりに毎日豚小屋に行っていた弟だ。ソロモナとタリアも泣きながら抱きあっている。

「な、なに？　ソロモナ」

「ソロモナも行くんだよ。ニュージーランドで職を探してみるんだって」

「えええっ！」

さっき豚小屋から帰ってきたところなのに。そんな気軽でええんかいな？　――いや、そういえばホント気軽だったんだ、ツバルの人たちって……。

ソロモナとは、毎日一緒にごはんを食べた。朴訥《ぼくとつ》な人で、淡々と森の生活をこなしていた。そんな彼に心のなかで親しみを感じていた。なのに、いまが別れのときとは！

「どうして行くの？」

「……だって、ニュージーランドには、まったく違う暮らしがある。お金貯めて、テレビを買って、バーに行って。そんな暮らしがしてみたい」

わたしは黙ってしまった。ソロモナよ、あんたもか……。

夜遅く、ラロイフィとふたりの子ども、そしてソロモナを乗せた船の光は、黒い海の向こうに小さくなっていった。タリアは何も言わなかった。いろいろな人の思いが、その黒く深い波間にとけていくように光っていた。

――島が、いいなぁ――

タリアとはよく、電気の消えた島の夜中、ろうそくをつけて長々とおしゃべりをした。リセが高校教師になるための留学で、オーストラリアに一家で住んだときの話をしてくれた。

「ブリズベンだったよ。アパートってのに初めて住んだんだ。変なもんだねぇ、ありゃ。くっついて住んでるのに、誰とも会わないんだよ。両隣りとか下とか、どんな人が住んでんのか……。

ほら、この島じゃあ、毎朝、裏のキリソメがくっちゃべりにくるだろ？　隣りのジョンも森に出かけるときにはかならず、こっちにひと声、なんだかんだって冗談とばしてさ。それに飛び魚が獲れたらかならず持ってきてくれるだろ？

でともかく、わしはオーストラリアでも、郊外のマンゴー農園に働きに出たんだよ。ところがこれが車で二時間だ。往復四時間。いやぁ、毎日くったくたになったね。

ある日、ふぞろいのマンゴーを山ほどもらったんだ。そんでわしぁ、考えた。息子たち、マイナとバイチウを呼んで、こう言った。

『おまえたち、このマンゴーを、両隣と上と下の人に届けるんだ。そしてこう言うんだよ。――僕たちは、ツバルっていう小さな島国から来ました。僕たちの国では、近所で物を分けあうんです。どうかもらってください――って』

息子たちはちゃあんとその通りにしたよ。

そしたらさぁ……みんな、びっくりして、たいそう喜んだんだって。いや、おかしいんだ。それから――なんか、両隣りの人たちと、よく会うようになったんだぁ。そして、あっちも、『グッモーニン』ってニッコリ挨拶してくれるんだぁ。もうさぁ、うれしくって」

タリアのニカァとした顔が、ろうそくの灯りに揺れた。しばらく目を細めて、その思い出にひたっていた。それから、その目はふっと寂しそうになった。

「でも、農閑期で仕事がなくなるとな。リセは大学へ行って、子どもたちも学校へ行くだろ？　そしたらひとり、家に残されて――。

テレビ見て、ぼうっとして。

島では思いおもいに釣りをして、夕飯をしとめる。

自転車で、街のショッピングモールへ散歩にいくんだ。あちこちの店、なんとなく見てさ。あ、喉渇いたな、って自動販売機で飲み物買って、『ガチャン』って。この島だったらココナツを切ってぐびっと飲むところが、あっちでは『ガチャン』だよ。

で、モールの吹き抜け階段のそばのベンチに座るんだ。

そしたら、思い出すわけよ、このバイツプ島を。

ああ、ワシの豚たちはいまごろ、どうしてるかなぁ。鶏は。弟らはプラカ芋畑に、ちゃんと肥やしをやってくれてるかなぁ。わしが植えたブレッドフルーツや、パパイヤの木たちも、大きくなっとるかなぁ……。あ〜あ、海に漁に出たいなぁ。

そんなふうに、たくさん、たぁくさん、思い出すわけよ。

で……。

帰りたいなぁって……。わしの島に、帰りたいなぁって……。

いやぁ、いまは、この島にいられて、ほんと、幸せだ。

毎日わしの椰子からカレヴェをとって（6・97ページ参照）、毎日わしの豚やプラカ芋の世話。ほんと、幸せだぁ」

ツバルのゆくすえは、日本。

わたしはタリアの話を聞きながら、ナヌマンガ島のテアギナおばのことを思い出していた。

一度目のツバル滞在のとき、首都から遠く離れたナヌマンガ島でホームステイした家のテアギナおば。

二度目に来たときは首都フナフチに住んでいた。フナフチの妹の店が人手不足で、手伝ってくれと懇願されて、島をあとにしたのだ。

テアギナは言った。

「ほんとうはねぇ。あたしは離島の暮らしが好きなんだよ。ブレッドフルーツやココナツや、ラウルー（山菜の一種。121ページ参照）食べて。森で、アヒルの世話するのが気持ちいいよ。フナフチは車やバイクがブンブン、食べるのは魚と輸入の米だけ。寂しいよねぇ」

そんなテアギナ、しばらくあとで訪ねたら、心臓の持病が悪化して、毎週病院で薬をもらうようになっていた。

「もう、島には帰れないよ。もし発作が起きたら、島だったらそのまま死んじゃうからね。……ああ、でも帰りたいよ。わたしの島に」

じっと涙をためながら、道を行きかう車を見ていた。

タリアの家では、みんなが集まってアメリカ映画のＤＶＤを見るのが大好きだ。タリアとリセは、レンタルＤＶＤのミニ商売を始めた。フィジーに留学中の娘からたくさん送ってもらって、島でひと晩一ドルで貸すのだ。

ひっきりなしに村の人が借りに来る。一年前の滞在のときより、あきらかにＤＶＤプレーヤーが島に普及している。ハリウッド映画のなかで展開される豊かな物質生活を、わたしも毎晩のようにみんなと一緒に見た。

お湯の出るシャワー室や、子ども一人ひとりに個室が与えられた家々。おしゃれなカフェ、

DVD で運ばれてくる先進国の暮らし。

ぴかぴかの車――夜、ＤＶＤを通して見るその世界は、昼間のプラカ芋畑の泥だらけの暮らしとは異次元のものだった。

お隣のジョンは飛び魚釣りが得意。けれどその息子、二四歳のトービアはわたしに言った。オーストラリアに留学してコンピュータを学びたいと。

「ツバルを、日本みたいに工業や技術で成りたつ国にしたいんだ。ナツはツバルの……飛び魚釣りや、野鳥狩りや、プラカ芋の栽培……そんなものを学びにきたって言ってるけど。僕らにはそんなものは、もういらないんだよ。古くさいよ。捨てていかなくちゃいけないものなんだ」

物質文明にひた走るこの世界に、わたしが疑問を感じはじめたのはいつごろだったろうか？　コンクリートのなかで生まれ育ち、よりどころのないもやに包まれていた。

ずっと不安定だったわたしが、吉野の山に合宿に行ってひぐらしの声を初めて聴いたとき、ぼんやりしていた魂が呼び覚まされたように感じた。農薬を使わない野菜を初めて口にしたとき、いままで味わったことのない生命《いのち》の味に全身の細胞が躍った。

ソロモン諸島で、サモアで、ツバルで、緑の森と青い海のなかで生き、食べ物を自分の手でとる人たちの、底抜けの明るさ。信じられないほどの目の輝き。「幸せだよ！」ときっぱり言う、たくさんの人びと。

欠けていたものがなんだったか、わかりかけてきた。光が見えてきたのだ。

ところが島の若い人たちは、ハリウッド映画のなかのような暮らしがしたいという。千年、二千年と続いてきた暮らしの知恵を捨てて、先の見えない渦のなかに身を投じる。

そうして首都フナフチは人口超過密化で、もうココナツもブレッドフルーツもなく、ひたすら輸入のオーストラリア米だけを食べる生活だ。そんなフナフチでは、いままでいなかった自殺者が増えてきている。

ニュージーランドに行ったラロイフィとござの刺しゅうをした海の小屋。わたしはひとりでそこにいっては、ぼうっとすることが多くなった。

いまは誰もいない。真っ白い浜と青い、どこまでも青い海。

キラキラと輝くその海を目の前にしても、真っ黒い煩悶が影を落とした。

この島の未来が見えてきた。わたしが自分が生きるためにやっと見つけたと思った美しいツバルの離島の姿は、近い将来消えてなくなるだろう。

いったん、日本に帰ろうか——。

そう思ったとたんに、日本で待っている彼が恋しくなってきた。——いや、この煩悶については、彼に話してもしょうがない。世界観はまったく違うのだ。

違っても、一緒にいるとほっとした。だからこそ南の島への移住と両立するかと不安だったのに、一緒に住みはじめてしまったのだ。

自分の人生をふりだしから考え直したい。ほっとする人のそばで——。

タリアの家に帰ると、娘はお隣りのイウタナたちとままごと遊びをしていた。ピンクのスサナの花を山ほど摘んで、それを椰子の殻にいれて「料理」している。

こっそりとささやいた。

「ねぇ、夢さん。そろそろ日本に帰ろうか……」

「……えー？　うん、まぁ、いいよ。ヒロ（彼の名）に会えるね」

小屋の横のカナヴァの木のオレンジ色の花を揺らして、優しい風が来た。

あ、午後はロゴの顔を見にいこう、と思った。

世界の未来は、真っ暗闇。

日本に帰ってきた。

ふりだしに戻ろうと思って帰ってきた。

ところが――。


ついこのあいだまで、島で木からボリッともいだブレッドフルーツを焼いて、森から拾ってきたココナツをがぁりがぁり削ったのをつけて食べていた。そのうまさと豊かさに毎日からだがびんびんとした。

そんなわたしには、日本のこの街の暮らしは、まったく色も香りもない、無機質の近未来映画のようだった。
ペランと薄っぺらい紙幣たち。これがわたしの命を支えてるなんて――。

マーガリンの箱をコップにする。

離島でも最初のうちは、日本での癖でつい財布をポケットに入れて出かけた。けれど行き先は森。豚やプラカ芋相手に、どうするつもりだったんだろう。そのうち財布はトランクの奥深くへとひそんでいった。
ところが日本に帰ると、財布を忘れて出かける。この街なかでは、友だちに会うだけでも、これを持たなくてはなぁんにもできない。手みやげも買っていけない。店での待ちあわせもできない。

スーパーに行くと、すべてがつるんとラップされている。わたしはそれらを買うのが恐かった。でも娘には夕飯を作ってやらねば。震える手で買うのだけれど、こんどはその包みを捨てられない。こんにゃくの透明袋、しめじが入っていた発泡トレー。捨てられないのだ。

バイツプ島やナヌマンガ島には、こんなものがない。缶づめを買ったらその缶を水浴びのときの湯桶にする。マーガリンのプラスチック箱だってきれいに洗って、子どもたちの弁当箱に。わたしが買う蚊取り線香の紙の箱を、テアギナはひらいてメモに使っていた。人間が暮らすのに必要なものなんて、そんなにない。わたしたちはトランクひとつ分の持ちもので、ツバルで一年以上も楽しく生きてきたんだ。

ところが日本では、捨てないとたまるわたまるわ、しめじのパックが、こんにゃくの袋が。そのうち、積んでる山からぐらぐら、ひっくり返って落ちてきた。

わたしは泣いた。泣きながら捨てた。これらの容器たちは、なんのために生まれてきたんだろう？　たった一度、しめじが売られるためにだけ？

タリアの言葉を思い出す。

「わしは、わしの島がいい」と言っていた。

「わしの豚がいて、わしのブレッドフルーツの樹がある。わしの島がええわぁ」

はて、わたしはなんだ？　都会を転々としながら育った。わたしの樹なんて、わたしの土地なんて、この国のどこにもない。

夏に桃がなろうと、秋に柿がなろうと、わたしが自由にとって食べられる桃も柿も、どこにもないのだ。この国に、ふるさとなんてない。

この国で生まれ育って学んできたことは――それらが欲しければ、働いてお金を得て、店で買いなさい――そういう「仕組み」だけだった。

サラリーマンの父はしばしば神経性の胃潰瘍《かいよう》をわずらっていた。そんな父を見て、子ども心に、世の中に不安を覚えた。

「どうやって生きていこう?」が、いつもわたしのテーマだった。これで身を立てたい、という目標ができたときはいい。それがおぼつかなくなると、ひどい精神不安に陥った。

そして見つけたツバルの土の暮らし。そこでは樹さえ植えればお金を得る心配をしなくていい、ひと本来の暮らしがあった。

ところが、そんなツバルもあっという間に日本と同じ消費社会に変わるのだ。

どんなに美しい海の島だって、いまにエアコンや冷蔵庫やその廃棄物であふれかえる。

いったいどうすればいい?

わたしは無気力に陥った。ツバルから帰って、半年以上も悶々としつづけたのだった。

世界ではなく、わたし。

南の島が恋しいわたしにはつらい冬が来た。

ある日、枯葉の舞うこの京都・洛北の山のふもとに、ボランティアの仕事でツバルに行くという女性が訪ねてきた。

「ツバルの話を、聞かせてください」

わたしは聞かれるままに、離島の暮らしのことをおしゃべりした。

森で汗だくになって椰子の実を拾うのだけれど、最初は古いカスばかり拾って笑われたこと。椰子の皮はぎを練習して、あやうく手首を切りそうになったこと。木箱を叩くだけなのに、からだの芯まで響く伝統舞踊ファテレ、それをこの島々ではみんなが踊り、みんなが創ること。そのファテレで、すっとんきょうな奇声「マーネアネア」をはずしたわたし。

この女性、京子さんは、ゲラゲラと笑いながら聞いてくれた。

そして帰りぎわに、すがすがしい笑顔でこう言った。

「わたし、ナツさんのサモアやツバルのウェブサイトを見て、とっても会いたかったんです。お話、ほんとに楽しかった！」

あれ。なんだかちょっと、わたしも元気だ。――そういえばこんなにおしゃべりしたのは、久しぶりだ。手を振って見送りながら、なんだか身体にエネルギーがどくどくと戻っているのがわかった。なな、なんだろう？　このどくどくは。


桜がつぼみを結ぶ三月。京子さんたちツバルに行く人が、わたしにツバル語の集中講座をしてくれないかと言ってきた。

「もちろん、喜んで！」

わたしは薄いテキストを作った。自分のツバル語ノートを開きながら。

最初にツバルに着いたとき、みんなが話しかけるワカラン言葉を、とにかくウエストポーチから取り出しては書きとめていった、あのツバル語ノートだ。

「元気？＝エアコエ？」

「ありがと！＝ファフェタイ！」

書いていると、みんなの声がからだにこだまする。いいかげんな大家のスサナ、娘をバイクに乗っけて島巡りをしてくれたチアナコ。

バイツプ島の村を行くタリアと娘。

「アイヤウェイ〜！　ファーモレモレ！」

これは、バイツプ島でリセがわたしに「あっちゃ〜！　ごめんなさい！」と言ったとき。そのときの、リセの後ろのカナヴァの木々にあたる太陽や、椰子の葉をこする風の声までよみがえる。

「ファイタリ！」

これは、わたしがウエストポーチのノートを開けるあいだ、「ちょっと待って！」と叫ぶとき。みんなニカニカして待ってくれた。その後ろにはいつも、青いあおい海がキラキラと輝いていた。

いつしか私は、ツバルでもしていたように、ツバル語ノートを大声で読みあげてはひとりで笑っていた。あっ、これは便利な表現だからぜひ教えとかなくっちゃ。あっと、これもしょっちゅう使う言葉。……二日の集中講座のための薄いテキストのはずが、気がつくとぶ厚くなっていた。

彼らがツバルに出発してからも、わたしはまだツバル語のテキスト作りをやっていた。日本ではこの国の言語テキストはない。また彼らのようにツバルに行く人がいたら、作っておく必要があるじゃないか。まずは会話だ。いちばんよく使う表現から順に並べる。説明イラストも入れたい。それに笑える語呂合わせの覚え方をぜひ紹介したい。

最初は自分で糸綴じして一〇部作り、欲しいというツバル関係の知人にコピー代をもらって配った。もっと作る必要があるからと、小さな出版社をやっている知人に相談にいったら、ほんとうに出版することになってしまった。『ツバル語会話入門』（キョートット出版）だ。

なんだかとても元気がみなぎってきた自分を感じていた。

ツバルから帰って一年もたったある日。

母親友だちのわこちゃんが言った。

「知人の教会で日曜日、ツバルの話をしない？」

ぜひ、ぜひ。

たくさん撮ったビデオをたずさえて出かけた。

ああ、思い出す。ひざ上まで泥につかって収穫したでっかいプラカ芋。一メートル以上のサワラを釣ったときは、カメラに血しぶきが飛んだ。こっちは子どもが思わず踊っている、ナヌマンガ島のアヴァタシ湖の歌だ。

わたしは質問に答えて、思い出すことから脈絡もなしにしゃべった。大人が転げまわって遊ぶ祭りのこと。子豚の誕生、その豚が育てば殺して焼くこと。そんなふうに、生死の境目が日常にたくさんあること。子どもたちに愛情をそそいで果てのない、タリア、リセ、ロゴばあちゃんのこと。

話していると——ああ、きた、このどくどくとしたエネルギー。

「深くこころに響くお話を、本当にありがとうございました……！」

涙を見せている人もいた。わたしのなかのこの「どくどく」が、みんなにも伝わっているんだろうか？

また、ツバルの離島に行こう……。

なんの展望もなしに、その思いが湧いてきた。

また、ココナツを拾いたい。また、ガレガレのトゲとりをしたい。また、ロゴばあちゃん

あおぞらツバル写真展。

とゴザを編みたい。海にからだを半分つけて、釣竿を投げたい。

待ちなさい。そんな暮らし、すぐになくなってしまうものだよ?

でも、したいんだ。大好きなんだからしょうがない。からだの奥が、それを求めて、熱くなってしまうのだ。

——わたしが見つめるべきだったのは、世界じゃない、このわたし自身だったんだ。わたしには、世界の未来は与えられていない。けれどもわたしには、このわたしが与えられている。誰もしなくなる暮らしでも、死ぬほど好きならば、このわたしがすればいいじゃないか。

教会でのお話会をきっかけに、知りあいの店などで「ツバル離島のビデオと話」の会や、写真展をさせてもらうようになった。

消えゆく貴重な文化だから、話をするんじゃない。わたしが大好きな、死ぬほど大好きな島のことだから、話をするんだ。

みんな聞いて。涙が出るほど美しいこころのロゴばあちゃんのこと。白いティアレの花冠のむせかえるような香りのこと。人が死んだらみんなで歌う、その島だけの聖歌のこと。

わたしのツバルの集いをいくつも企画してくれたわこちゃんが、あるときそっとささやいてくれた。いまもって、わたしの座右の銘だ。

「ガンジーがね、こう言ったんだって。

あなたの行動は無意味かもしれません。
それでもあなたがそれをすることは、とても大切なのです。
なぜならそれは世界を変えるためにではなく、
あなたが世界によって変えられないようにするためだからです」

二年後に戻ったツバルで

それからやっとツバルに戻れたのは、二年近くをへてからだ。

青いあおい海がきらきらと光るバイツプ島では、タリアとリセと、そしてロゴばあちゃんが、変わらない笑顔でわたしたちをしっかり抱きしめてくれた。

涙おいおいの別れをしてニュージーランドに行ったはずの、タリアの弟ソロモナも、ぬうっと現れた。

「ニュージーランドのビザ、おりなかったんだ」

　……はぁ。

「だから、フィジーのキオナ島で遊んで、帰ってきた」

……はぁ。あんた、それでええんかいな。いや、ええんだろう。――そういえばホント気楽だったんだ、ツバルの人たちって……。

ソロモナは、やっぱり黙々とごはんを食べては、豚の世話をしに森に消える毎日におさま

って いた。親しみがじわっと戻ってきて、ごはんのたびに、なんだかんだと話しかけた。照れくさそうに、でも楽しそうに話してくれた。

「キオナ島は、ツバルと違って土が肥えてるから、なんでもすぐ大きくなるんだよ。いっぱい食べた。いい島だぁ。またそのうち、行きてぇな」

二年前に、ソロモナを乗せた船の灯りを見送りながら、あれこれ思いをめぐらしたわたしって……。


四歳のわが娘がタリアと植えた、ティアレの小さい苗は――。わたしの背たけより大きく育って、真っ白い花をいくつも咲かせていた。ふつふつと気高い香りがただよう。祭りのたびに、タリアの弟セティが、とても得意げにそのティアレの花冠をかぶるのだそうだ。


そうしてやっぱりわたしは、ロゴばあちゃんと一緒にござを編んだ。ロゴはしわが増えた。それに二年前より、ござを編む手が、ゆっくりになった。けれども瞳は、いっそうきれいになったみたいだ。やっぱり戸口にくる子どもたちに言っている。

「おなかすいてないか。台所にメイ・ファフライ（ブレッドフルーツのフライ）があるよ」

「どうした。何してた」

目の前に広がるのは、二年前と同じ真っ白い砂の広場と、限りなく明るい青の、ほんとうに美しい青の、海だった。

誰も、草葺き屋根を作らなくなったとき

ナヌマンガ島は三年ぶりだった。

胸の奥でいつも帰りたかった、白いサンゴ砂利のどこまでも続く海辺。透き通るような美しさで、わたしたちに「おかえり」と言ってくれているようだった。

今回はお隣りのマロソーばあちゃんの家に世話になることにした。

マロソーばあちゃんが三年前、カレヴェ入りのクレープを作っていた壁のない小屋で、わたしが同じクレープを焼くようになった。

緑の椰子の木々の向こうから、バイクがブロロロロォ。テクアが赤ん坊を胸に現れた。あのとき結婚して隣り村に嫁に行ったテクアだ。

最初の赤ん坊は生まれてすぐ死んだ。この赤ん坊はふたり目。わたしにその子をあずけて、

ナヌマンガ島の海辺。

テクアは最近始めた小学校教師の仕事にさっそうと出かけていった。――ちょっとデカすぎだぞ、あんた。日本のゼロ歳児のふたりぶんか？　ずっと抱いていると腰がジリジリ痛くなる。

島に一軒の店の倉庫で、わが娘の頭のシラミを一生懸命とっていたクルアキは。あのとき四人の子持ちだったが、いまや六人に増えていた。あのころは、店が終わるとリヤカーで畑に行っていたが、最近、自動三輪トラックを買った。三年前にはナヌマンガ島になかった自動三輪トラック。畑に行く以外にも、子ども六人にわが娘も乗せて島一周ドライブを楽しんだりしている。

さて、ナヌマンガ島でしたいことがふたつ

あった。編みこみ模様のござの編み方と、それからパンダナス葉の屋根の作り方を学ぶこと。わたしは毎日、マロソーばあちゃんとガレガレ（薄く裂いたキエの葉。114・124ページ参照）を作って、ござを編んだ。いまだにキエの葉を薄く裂く作業がうまくできず、貴重な葉っぱを何枚もボロボロにしているけれど……。

それからマロソーの姪のアセナティおばにくっついて、パンダナス葉の屋根材の縫い方を学んだ。三日間、朝から晩まで、トゲのするどい葉を縫っていった。がさっ、がさっというこの手触りが、からだの底に快感だ。手はトゲでぼろぼろだが、それはまだパンダナスの葉のあつかいに慣れていない証拠。

これらの作業はみんな、若い人はだんだんしなくなってきている。とても寂しいけれども、わたしの芯はもう揺らがなかった。

——もし誰もしなくなっても、わたしがやりたい。そのときには、ひとりだってできる技術を習得しておかなくては。

日本の子どもが編んだツバルのござ

わが娘・夢さん。一歳のとき、わたしにおんぶされてサモアの地を踏んでから——。ずっと、この南の島々の椰子の森と海との暮らしを、わたしとともにしてきてくれた人。ナヌマンガ島で、八歳の誕生日を迎えた。

四歳のときから、ツバルのおんなたちがござを編む横で遊んでいた。そしていま、マロソーばあちゃんとわたしが編んでいるのを毎日見ている。ある日、「夢さんも編みたい！」と言いだした。

島では子どもはござを編まない。しっかり目をつめて編むには、キエの葉をぐいっ、きりりと引っぱる大人の力がいるのだ。それでも、彼女は編むと言いはった。

最初は相手にしてなかったマロソーも、しかたなく言った。

「じゃあ、小さいのを、編んでみな」

わがモエミティは、目を大きく見開いて、はりきった。

上：夢菜 四歳。　下：夢菜 八歳。

ざぱっ、ざぱっ。

キエの葉をさばくその手つきだけは、いっちょまえだ。これから将来、キエの葉のないところで大人になったとしても、この感触はきっと、彼女の骨の髄に染みとおってるんだろう。

しかし一ヶ月くらいたったところでこのムスメ、飽きちゃって途中でほっぽった。あ〜あ、そうだった。子どもというものはすべからく、力もないけど根気もない動物であった。子どもにござ編みはさせない島の伝統よ——やっぱり、あんたは正しかった……！

で、わたしは言った。

「部屋の中がかたづかないから、あと二週間たっても編みかけのままそこにあったら、料理をするときに火にほうりこむね」

これにマロソーばあちゃんのほうがあわてた。わたしがいないときに、娘をあれこれせっついたらしい。

「燃やされちゃうよ、やんなさいよ、モエミティ。一緒にやったげるから。な? ね?」

かくて、編み目はゆるゆる、穴ボコだらけだけど、八歳の夢菜作、バスマットくらいの大きさのナヌマンガ式ござが完成。ジャジャーン!(……いやほんとうは三分の一は、マロソー作)

ノニの木の根っこで赤く染めたキエの葉も、夢さんはマロソーばあちゃんと一緒に干した。ざざざざぁ、がさぁ。この匂い、この葉の手触り。これも娘のからだに染みわたって、たとえ大人になって東京のどまんなかに住むことになっても、きっと死ぬまで彼女を包むんだろう。

死が、親しいものになった。

森の山菜、ラウルー摘み(121ページ参照)にも娘は一緒に出かける。膝上までうもれるほどの、椰子の枯れ葉、腐ったココナツ。うっそうとした足もとをかき分け、かき分け進む。そうして、大きな株の、中心の新しくて柔らかい葉、しかも先っちょ五センチほどだけをプチッとちぎるのだ。二時間も摘むと、汗でTシャツはぐっしょりだ。けれども、夢さんはずいぶんとたくさん摘むようになった。家に帰ってココナッツを削って搾り、一緒に炊くとモリモリ食べる。ふふふ、どうだぁ、自分で摘んだものはウマイだろう。

マロソーばあちゃんの息子たちが夕暮れに森で野鳥を獲るときには、自動三輪トラックに飛びのってみんなで行く。木の高い枝で長男トギアは鳥の鳴きまねをしておびきよせる。さぁっと飛んできたところを直径一メートル以上あるどでかい網でパシッととらえて、首をへし折って木の下に投げる。暗闇でそれを探して拾うのが、子どもたちの役目だ。最初は気持ち悪がっていた夢さんも、そのうちブチリブチリと、鳥の羽むしりもするようになった。

娘は幼いときから動物たちがさばかれるのを見ている。

豚を殺してさばくところを、わが娘はもう何度も見た。娘の誕生日には、アヒルを絞めた。アヒルのからだから、肝臓やら心臓やらが出てきたり、卵のできかけが出てくるのを、娘も他の子どもたちと一緒に興味津々に見つめていた。

島の子どもはこうやって、自然とからだの構造も学んでいく。そしてその見つめた生命《いのち》を、そのまんまいただくのだ。


人が死ぬということにも、なんども遭遇した。あの発電所の周りで遊ぶ娘を家まで連れかえってごはんを食べさせてくれたナニセニ。わたしと同い年だったけど、コロッと死んだ。それから大きなファラの木の下で、カヌーの作り方を教えてくれたオシエじいも死んだ。


島では土葬。島のみんなが高らかに聖歌を歌うなかで、人が埋められてゆくのを、娘とともに何度も見た。ナヌマンガ島に住むのは六〇〇人弱。つまり、死んだ人を埋める人びとも、聖歌を歌う人びとも、みんながその人をよく知っている。

ここでは墓場で埋葬のとき、古い遺体を掘り返して、新しい遺体を深くに埋めて、その上に古い遺体を埋めなおすこともある。

一五年前の遺体を土の底から出す。まだ髪の毛は残っている。腰巻の布も朽ちかけているけど、うっすらとある。みんながつぶやく。「ああ、セレアネばあさんだ……」

三一年前の遺体も見た。これはもう髪の毛もなんにもない。骨もバラバラになっている。

古い遺体を掘り返して、
埋めなおすのだ
新しい遺体を
下に

それらの骨は茶色くなって、少しずつ、すこうしずつ、大地に帰っていこうとしている。

この島の子どもたちは、人がどんなふうに土に帰るのか、こうして見ているのだ。娘も目を見開いていた。

森で娘と遊んでくれた、発電小屋のナニセニが死んだ。

これを見てから、わたしは死にたいする感覚がずいぶん変わった。

――死は、このへんの、土なんだ。生あるものとごちゃまぜになって、いつもかぐ土の匂いなんだ。そんななかに、ただ帰っていくことなんだ――。

死はじつはとても日常のもので、もっと近く、なんていうか……親しいものになった（そうはいっても、自分が突然死ななくてはならなくなったら、ギャアギャア大暴れするだろうけど）。

娘のからだのなかにも、一五年前に死んで骨と髪の毛になっているセレアネばあさんと、三一年前に死んで、骨もバラバラに茶色くなったリフおっちゃんは、深く残りつづけるんだろう。

死んだオシエじいちゃんの森に、食べたパパイヤの種を娘とふたりで植えた。ほとんどアヒルに食べられてしまったが、それでも数本は、芽が伸びている。熱帯は成長が速い。二年もすれば実がなるという。


日本に帰って、夢さんが言った。

「なぁ、なっちゃん。あのパパイヤ、木になってるかなぁ」

「あぁ、あれなぁ。ほんまやなぁ。実がなって、みんなが食べてたらええなぁ」

「うん……！　夢さんなぁ、次にナヌマンガ島行くときは、まっさきにあのパパイヤ、見にいくねん！」

娘の瞳はキラキラしていた。


子どもが生まれたから、もう好きな南の島に行けないんじゃないかと泣いていたのは一〇年前。いま、こんな会話をして、目を見つめかえして笑いあうとき、胸に大きなものが込みあげてくる。

第五章　南の島の愛情を日本にも

子どもの世話はおおぜいで！

さて、娘が生まれてからサモア滞在、三度のツバル滞在をへて、いまだ「南の島移住」の夢をかなえられていないわたしですが（もちろんあきらめてはいません）。

サモア・ツバルで学んだいちばん大きなことは

「子どもは、ひとりで世話するもんじゃあない」

ということ。

会うひと会うひと、あたりまえのように娘をさっと抱いてくれた。食べ物を口まで運んでくれた。

サモアでは、たった一度訪ねた家でも、「子どもは水浴びの時間だから」と、わたしの腕から娘を抱きとって、奥へ連れていった。出てきた娘は頭までさっぱりときれいになって見知らぬ服を着ていた。

娘の生後一ヶ月、わたしはほとんど誰とも会わなかった。生後一～二ヶ月は、母親は生まれた赤ん坊に全身全霊をささげる特別な期間で、母子ふたりの時間を大切にすべきだと、育児書や周囲から教えられていたからだ。

サモアで。作業をする大人の周りで娘は誰かの膝の上。

だからツバルで、三軒向こうの家に赤ん坊が生まれたときにも、その家には行っちゃいけないような気がしていた。が、周りのみんながお祝いを持ってホイホイ訪ねていくので、わたしも「い、いいのかな……？」とおよび腰で行ってみた。

すると、生まれたばかりのくちゃくちゃの赤ん坊が、小さな蚊帳の中で眠っている周りで、その家の子どもたちが普段と同じようにはしゃいでいた。じいちゃんはカレヴェをとるためにナイフを研いでいる。

あまりにも日常的な風景に、「は……？　こんなんでいいんだ……」と気が抜けた。

三ヶ月、四ヶ月と大きくなってきたその家の赤ん坊は、父ちゃんはもちろん、姉ちゃん、兄ちゃん、じいちゃん、近所の子どもたち、お隣りのおばさん……いろんな人に抱かれ、着替えや水浴びをさせてもらっていた。

日本にいて「母親」をやっていると、とてもしんどくなることがある。保健所の育児パンフレットでも、子ども用通信教育の広告でも、イラストはかならず「母親と子ども」のツーショットで描かれていることだ。

まるで、「母親なら、つねに子どもの横に寄りそっていなさい。それがあなたの仕事です」と言われているかのようだ。広告に書かれていることといったら、「お母さんの子育ての悩み、これで解決！」とかなんとか。

じつはツバル語には、「子育て」という言葉はない。「子どもを世話する」という言葉があるだけだ。子どもはいつでもその辺にいるもので、そばの人が世話をしてあたりまえ。誰かがわざわざ「育てる」ものではないのだ。たくさんの人に世話をされて、大きくなっていく子どもたち。そんな子どもたちも、「人は互いに世話をしあうもの。それがこの世界」という健全な社会感覚を身につける。

で、子どもの周りが明るくてオープンなそんな島々から帰ってきて、日本の母親育児のパ

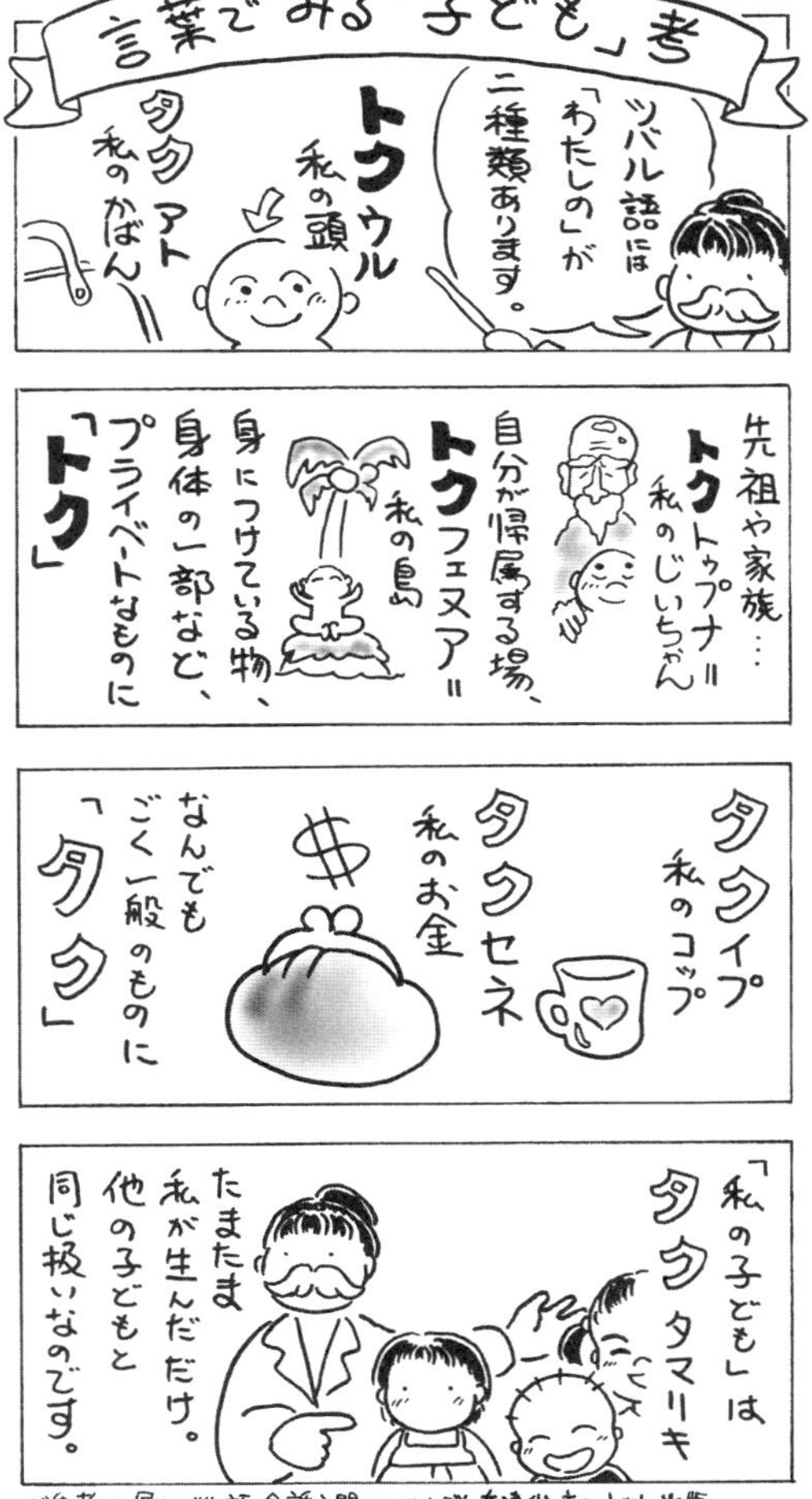

ご参考：『ツバル語会話入門』もんでん奈津代　キョートット出版

ンフレットを見たわたしは、「ひとりで、できるかっつうの……！」と憤慨してしまったのだ。

けれどもそんな怒りをそのまんま表に出したら、「近ごろの母親は親の自覚がない」とかなんとか非難されて終わるのがオチ。

説明もなくいきなり変革を期待しても無理だろう。でも、まずはからだのなかだけでも「子どもは、ひとりで世話するもんじゃあない。この現代日本社会は何かが間違っているぞ！」という憤りだけはしっかりもてた。そうすることで、自分の立ち位置が見えてきた。

そして、その立ち位置から可能なことを少しずつ、行動に出してみた。

わたしの場合はまず、父親である彼への談判から。

「収入が減ってもいいから、育児時間を確保して。だって実際わたしは、子どもを産んで、再就職を断念して、収入が減ったんだ。あなたも仕事を減らしてほしい。子どもってそれだけ時間がかかるものなんだから！」

あれ？　怒りは心の内だけにして、オモテはニッコリ穏やかに相談するつもりが……ヘタなわたしはついうっかり感情をぶつけてしまって、何百回となく不毛なけんかになった。

何度失敗してもうまく話し合いができないものだから、コミュニケーション法の講座にも通った。

相手を上から批判するのではなく、つらい自分の感情を、感情的にならずに丁寧に説明する。そして相手の気持ちにもきちんと耳を傾ける。――そんな「建設的な話し合いのスキル」は、いまだに勉強中だ。

この日本を変えていくには、まずいちばん身近なパートナーの底に染みこんでいる保守的なシステムから。これには、根気と長い時間が必要だ。

そして他にも探す。その時その時の状況で、手をさしのべてくれそうな人を、場を。

非難はたくさん受けた。この保守的な日本だから、それは当然だろう。でも、サモア・ツバルで自然に楽しそうに子どもの世話をしていたたくさんの「母親ではない人たち」、そしていろんな人に抱かれて輝くように笑っていた子どもたちが、わたしを支えてくれた。

いま、わたしは日本で、「家」という壁を越えて子どもの世話をしあう輪を広げようと模索中だ。夕飯やお泊まり、どこかに出かけるときは、自分の子だけでなく近所の子どもも誘うこと。進んで人の子の保護者役をひきうけること。

南の島が死ぬほど大好きなわたしは、いつも行ったり来たりで、航空券のために忙しく働く暮らしだけれど——。「なかなかサモアやツバルのようにいかないなぁ」と落ちこんでは、「今日できることをしよう」と立ち直る。いまも試行錯誤の繰り返しだ。

ガンジーの言葉でもうひとつ、大切にしているものがある。

「見たいと思う世界の変化に、あなた自身がなることだ」

子どもの世話はみんなでする社会がいいなぁ——と思ったら、率先して人の子の世話をする。わが身に言い聞かせていることです。

小さいヒトびとの豊かさはみんなのもの

サモア・サルワファタ村では、石焼きをする男たちのまわりで、娘やお隣りのアンチョほか、多くの子どもたちがパタパタ走りまわっていた。ツバル・バイツプ島のタリア父ちゃんはいつも娘をバイクに乗せて森の仕事に行った。ナヌマンガ島では島役場にも子どもたちはウロチョロしていて、学校にも乳のみ子がいた。

どこにでも子どもがいる島々。滞在を繰り返すたびに、日本でのわたしの家にもなんだか

サモアで。大きな子から１歳児までごちゃまぜで遊ぶ。

子どもが増えていった。

わたし自身が、いつも周りにいろんな子どもがいることに、抵抗がなくなってきたからだろう。うちに遊びに来ている子どもにはつい声をかける。

「晩ごはん、一緒に食べよう」

サモアでは、いつもたくさんの子どもとブレッドフルーツをつついたから。

「泊まっていく？」

ツバルでは、いつもいろんな子どもと一緒に雑魚寝したから。娘もうちに来る子どもたちにポイポイと服を貸すのは、ツバルで慣れているせい。

自分の子どもではない子が、すぐそばでかわいい顔をして寝息をたてている。自分はそれを見守っている。そんなとき、ふっと柔らかで優しい不思議な力を感じる。

世界はひとつで、わたしもその子どもも、そのなかで見守られている——そんな、大きな何かを感じるのだ。


大人は変わるのに時間がかかるけれど、子どもは万国共通でとても柔らかいココロを持っている。

「ああここでは大丈夫」と判断するや、じつにかろやかに甘えてきてくれる。

「おなかすいたー!」

「眠い〜!」

いろんな子どもがわが家でそう叫ぶときの、すがすがしい風通しのよさよ。

子どもは、大人にない「風」を持っている。小さい石に話しかける。とつぜん、激しい腰フリフリ踊りを披露してくれる。ささいなことに、目を飛び出さんばかりにまぁんまるくしてキラキラと興奮して、——やっぱり踊る。

ツバルでは、森でのココナツ拾いをしていても、石焼き料理をしていても、豚の世話をしていても、そんな、小さい人たちの新しい「風」がいつも吹いていた。大人はケタケタと笑う。眺めながらのんびりする。できることは、手伝ってもらう。子どももワクワク。いや実際は、仕事に余計な手出しをされては「ああっ！　もぉ、このワンパクがぁ！」と怒鳴ったりもありぃで、シッチャカメッチャカなのだけど。

日本で、わが家によく遊びにくる小さな子が、

「なっちゃん、来たよ！」

とぱっと胸に飛びこんできた。ぎゅうっと抱きしめると、ぎゅうっと抱きしめかえしてくれた。花畑に飛び込んだような甘さとあたたかさに全身が包まれた。

またあるときは、人見知りでなかなかなついてくれなかった二歳児に道で会った。父親の自転車の子ども椅子からわたしを見つけて、「あ、なっちゃん！」と叫んだのだ。

その声がとても生き生きとしていた。もの思いをしながら歩いていたわたしの胸の奥にさぁっと春の風がきて、きれいな鈴を鳴らした。たったそれだけで、わたしは気が晴れて、そのあとは一日じゅう、なんだかときめいた気分でいられた。子どもが大人に与えるエネルギーって、すごい。

六歳の子どもと母の、ルームメイトになった独身の友人は言った。

「それまでは子どもと触れあうことがなかったから、はじめはちょっと恐かったの。でも慣れてきたら、大人の友だちとはできないコミュニケーションができるでしょう。越えにくい

木の下でお隣りのアンチョと遊ぶ娘。

境界線のこちら側に、ほわっと入ってきてくれる。甘えてきたりすると、ほんとうに幸せで、優しいものをたくさんもらった。子どもって、愛情のかたまりなんだね」

子どものもつ柔らかさ、かわいさ、オモシロさ。これを親だけが享受するのはもったいない。いや、親だけが時間をともにするならば、楽しむより疲れのほうが先に出てくる。社会全体としては、それでは「子ども資源」をドブに捨てるようなもんじゃないだろうか。

母親の立場からそれを叫んだ人が、友人にいる。京都のこじまふさこさんは、シングルで娘がひとり。

「子どもはみんなで育てたいの。一緒にやって」

チラシを作って、親しい友人のなかから自分の子どもの「保護者団」たるものを募った。晩ごはんを一緒に作って食べる。相談をきく。「親がやること」とされていることを、仲間にどんどんやってもらうのだ。さらには通うフリースクールの学費のために、クッキーを作って路上で店を出す。発想の柔らかい若い人たちが集まって、みんなでわいわいと子どもを支えている。そして、その仲間同士には、一緒に生きているという連帯感が生まれているそうだ。子どもの存在が、子どもを持たないシングルの人たちの暮らしを豊かにしているのだ。

「子育てはおまえがひとりでしろ」なんて言われたら、たとえ自分が産んだ子どもだって、楽しくなくてアタリマエ。南の島の、「子どもはみんなのものである」村に滞在して、それがはっきりわかってきた。

そしていまでは、そんな言葉にはこう返したい。

「そんな、わたしひとりではもったいない！　こんなに生きるエネルギーを提供してくれる資源を……！」

母もにんげん、子もにんげん。デーンと行こう！

サモアやツバルでいつもびっくりすることは、おんなたちがとても堂々としていることだ

（性差別の問題がないわけでは決してありません。色々と課題はある）。

女も男も正式な座り方が「あぐら」。日本でもあぐらに慣れたわたしには好都合だった。手を口にあてて笑うなんていうのは、いやちょっと色気づいた一七、八のころならすることもあるが、すぐに大口を開けて笑うようになる。

「ヒョオオオオヒェヒェヒェ！」というこの地域独特の奇声まじりで。

「申し訳ないんですが」「じつはあれこれの事情で、◯◯していただくと大変うれしく」なんていう、まわりくどい表現がない。

「これ、お願い！」

「ちょっとぉ、あんた！」

どのおんなもでっかい声で叫びまくっている。

つい日本式に遠慮がちにものを頼もうとするわたし。そんなわたしに、腹も尻もボーンと出たポリネシアおんなたちは、豚の世話で濡れた両手を腰にあてて、あごで返すのだ。

「で、要は何をしてほしいって？」と。

サモアの、一歳のエレンの母親、ファアガロ。重たいバケツを両肩にかついだその笑顔は生命力にあふれていた。

ナヌマンガ島で、教室で子どもにおっぱいをあげながら、「じゃあ、あんたたち、どぉ思う？　はい、意見のあるヒトォ！」と子どもたちに手をあげさせていた教師のウリマ。見開いてまっすぐな瞳が明るかった。

何がすばらしいというわけじゃない、おんなじ人間だ。

わたしたち日本の女性は、どうして自分が周りより小さいものであるかのようにふるまうことを習慣づけられているのか。

子どもを産むとそれに輪がかかる。わたしもそうだったから、その原因はわかる。

「子育ては母親がするもの」と無理難題を当然のようにひとりの人間にかぶせる、「いい母親」の講釈が世の中にあふれかえっているからだろう。それについていけないわたしたちは、しだいしだいに小さくなる。育児ノイローゼになる。あげくの果てには、ストレスで子どもを叩く。

英語を勉強しながらのおっぱいを始めたころからだろうか。わたしは決心した。

「日本の社会がわたしに奨める『いい母親』を、わたしは降りよう。イチ抜けたぁ！」

サモア、川で洗濯をするおんなたち。
みんな幼い子がいる。

イチ抜けてから、わたしの赤ん坊は明るくなった。わたしと目を合わせては、生き生きとよく笑うようになったのだ。娘だって心中はストレスをためまくって苦しいわたしより、はつらつとしているわたしのほうがそばにいて楽しいんだ。

教科書どおりのいい母親をやめて、まず、子どもの前でもひとりの人間に戻りたい。そしてあらためて向き直る。一対一の、まったく平等な人間として。この小さい人には世話が必要。わたしには、わたしの喜びが必要。両方大切なのだ。両方、人間なのだから。ただそれだけで、大切にされてしかるべきなのだ。

さて、それからが工夫のしどころ。両方かなえるには、どうしたら？　葛藤のしどころ。百人百様の人生の創り方。

わたしの場合、葛藤して、どうしても自分が行きたかった南の島に行ったら、たくさんの人びとが娘を抱いてくれるうちに、なんだか育ってきてしまった。

わたしはそこで、「母親の仕事」にばかりあくせくせずに、「にんげん」でいられた。島の多くのおんながそうであるように。

そんな風《かぜ》を日本にも送りたい。日本の、母となった女性仲間にも、生き生きと、のびのびと、自分の「にんげん」を大切にして生きてほしい。そのためにわたしにはどんな助けができるだろう?

花を摘む子ども時代　——ツバルの離島と日本で——

さて。わたしが南太平洋から日本に帰ってはドロドロと煩悶を繰り返していたころ。かたわらの小さい人にも紆余曲折があった。

ツバル滞在二回目から帰って八ヶ月後、保育園卒園。なんて言うかと思って聞いてみた。

「どうする?　四月から」

すると、

「夢さん、小学校行く！　算数、勉強したいから」

「ほう、そうかい」

意気揚々と通いだした公立小学校。ところが五月になって言いだした。

「もぉ、学校つまんなくなった。だってずうううっと座ってなきゃいけないんだもん。それに勉強ちっとも面白くない。なんでまだ勉強したくないことまでやらせるん？　もっと好きなことを勉強するんかと思ってた」

「そうかぁ。まぁ、楽しいこともあるんやろ」

「うん。給食とか、昼休みに友だちと遊ぶのは楽しい」

……と、ずるずるごまかしていたら、六月。

「なっちゃん。夢さん、学校いややって言ったやろ。いつまで行かなあかんのん？　もぉほんまにつらいわ」

そして七月、ついに宣言。

「夢さん、夏休みが終わったら、あの学校、もう行かへんから」

ずっと椅子に座ってなきゃいけないのがバツ、まだ興味のないことまで無理やり勉強させるところがバツ。娘の「ノー」の理由ははっきりしていた。そんな彼女に向いているのは、自由に自分の興味のあることをするフリースクール系ではないか？　と考えた。

京都・洛北、岩倉の山と田んぼのなかにあるフリースクール「わく星学校」。見学に行っていっぺんで気にいった。

「夢さん、ここ行く！」

島で８歳になった娘が、花冠を編む。

通いだしてほどなく、山ほど野の草花を摘んで帰って、家じゅうに飾った。

「今日は、けいこさんと、ずっとお花摘みしててん！」

その目はツバルで遊んでいたときと同じようにキラキラしていた。「けいこさん」はこの学校の設立者。小学校の教師を辞めてこの自由学校をつくった。ここではスタッフは「先生」と言わない。

花摘みは、四歳のとき初めてツバルに行ってからずっと、彼女の大好きなことだ。大人たちがかぐわしい香りのプアフィティやアロアロで花冠を編むのを、いつも羨望のまなざしで見ていた。「モエミティ、花冠編もうか。摘んできてくれる？」とリセやテアギナに頼まれては、喜びいさんで飛んでいった。

日本に帰っても、近所の生垣越しの椿をとろうとする。

「ああ…！　夢さん、これは人の家のものだから、とっちゃダメなんだよ」

「…そうなの？」

とても悲しそうな顔をしたものだ。そんな彼女を満たす場所が、日本でもできたのだ。


秋――。

「今日は学校の土手にアケビがなってた。いっぱい食べた！」

一二月には藤のつる、杉の葉、南天の赤い実で大きな美しいリースを作ってきた。

「これなぁ、ぜっえんぶ、まわりの山でとってんで！」

春が来る。

「今日は田植えやった。むっちゃしんどかったわぁ」

ドロンコになって帰ってくる。

「山の探検してきたから。すっごい奥まで行ったで」

そろそろ一〇歳になる彼女の興味は、国語や算数よりもっぱら自然。けれども心配はしないことに決めた。わく星学校では、卒業の時期はそれぞれが自分で決める。美術系の高校に行った人もいれば、大検をへて大学を選んだ人もいる。かたや鉄の棒を拾ってきて打ち出すところから始まって、刃物研ぎ師になってしまった人もいる。植木屋や花屋の道を選んだ人もいる。どんな人生も本人が選ぶのだ。

イギリスのサマーヒル・スクールを創ったA・S・ニイルは言っている。

「神経症の総理大臣よりはむしろ、幸せな掃除夫のほうがいいではないか。人生の目的は、自分で幸せを見つけることだ。両親がこうあってほしいという人生ではなく、自分自身の人生をつくる。そのために、子ども時代からつねに自分で選ぶ自由を保障する。それがいちばん大切なことだ」

アメリカのサドベリー・バレー・スクールを創ったダニエル・グリーンバーグは、子どもが教えてくれと言うまで、何も教えないことを学校の鉄則としている。そうすると子どもは意欲的にどんどん学んでいくのだという。

娘の選択には、ツバル離島の海や森と慣れ親しんだことが影響しているだろう。そしてそれは母親がわたしであったという始まりから、運命だった。

どれだけの自由を与えようとしても、ひとつだけ、子どもには選べないものがある。それは環境だ。ほとんどの子どもはいやおうなく、親の居るところで育たなくてはならない。そ

ツバルでは娘も素っ裸で、波と遊ぶ。

れがニューヨークの下町であるか、パレスチナの戦地であるか、沖縄の離島であるか。それだけはどうしようもない。親について世界じゅうを転々としながら育って言語学者になった人もいる。わたしのように日本国内で転校ばかりを繰りかえして育った人間もいる。

たまたま京都の郊外とツバルの離島というふたつのふるさとをもった彼女が、それをどう人生に反映させていくのか。

たとえば将来、娘がわたしに、

「もぉ！　あんなふうに日本とツバル行ったり来たり、嫌だったのに！」

と怒鳴りこんできたら、

「いやぁ、それは、どうもスミマセン。大変なご迷惑をおかけしました」

とあやまるしかないだろう。でもその後の人生の幸も不幸も、彼女のものだ。わたしにはどうしようもない。

けれどおそらく、娘は生い立ちをネガティブにとらえたりしないだろう。サモアやツバルで、たくさんの人に抱きしめられ、安心して満たされていた彼女の瞳を覚えている。青い海のなか、素っ裸で飛び跳ねて、網にかかった魚をそのままガブリとした彼女。森でココナツをとってもらって、両手でゴクゴクと飲んだ彼女。

娘はそんな世界で育ったのだ。それは生きる力の基盤をつくっている。たぶん、世界のどこへ行っても、自分で人生を切り拓いていくだろう。

みんなをツバルの離島に連れていきたい……！

で、いっぽう親のわたしときたら。

いやホントは、娘が小学校に入るまでには南の島に移住しよう！　という確固たる目標をかかげていたのですが。

日本に帰るたびに談判する彼は、ふにゃふにゃとしか答えない。

「うーん。南に移住もいいけどなぁ。いまはなぁ」

「南の島で、養ってくれるんやったら一緒に行ってもいいけど」

「でもサモアやツバルはいややなぁ。どこって、さぁ……」

日本にひとりでいるか、わたしと南に移住すると決めて一緒に場所を探すか、どちらかに決めてくれと幾度となく迫ったが、返事ははっきりしない。

「そんならもう、別れる！」

と何度もキレたが、いまだに一緒にいる。空気のようにほっとする彼の存在。それをわたしは、自分の想像以上に深い部分で必要としているんだろう。

絶対に移住をあきらめてはいないけど、日本で腰の重い彼とも離れられない。南の島と、彼。この二極対立のなかでもがきつづけているここ数年だ。

「いやぁ、それが人生ですよ」

とある知人はあっさり言った。

いや、そうなんだけど。実際本人はもがいている。ホントどうしようかと困りにこまってふとんの中でオイオイ泣くこともしょっちゅうだ。でも泣いてばっかりでもしょうがないので、あちこちで大好きなツバルの離島の話をしてまわっている。

夜中の三時に見知らぬわたしたちを受け入れてくれたバイツプ島のタリアとリセ。子ども

「ツバルの離島の暮らし」ビデオと語りの会。

が来るたびにござを編む手をとめて「おいで」というロゴばあちゃん。どこへ行っても、「腹がすいてるだろう」と食べ物をだし、「疲れたか。ひと休みしろ」と枕をポーンと投げてくれる人たち。

「そんなに愛情あふれる人たちが、いるんですね」とみんながびっくりする。

だんだん、話をするだけでは飽きたらなくなってきた。

そうでしょう？　びっくりするでしょう？　でも行ってみてください。ホントなんだから。きっとわたしにしてくれたように、みんながあなたに花冠を編んでかぶせてくれますよ。あなたの服を縫ってくれますよ。あなたの子どもを、ホイホイと世話してくれますよ。

「日本の人たちを、ツバルの離島に、連れていきたい……」

そう思いはじめた。

ツバルでたくさんの愛情をもらった。人間ってこんなに優しいものだったんだ。島で受けとった、からだいっぱいの幸せを、こんどはわたしが日本の人たちに手わたしていきたいと思って、日々暮らしている。子どもたちへの接し方にもだんだん島のやり方が染みだしてきた。日本のたくさんの人が同じようにあふれる愛を受けとって帰ってきたら、日本も優しい国になるんじゃないだろうか。

いま、ツバル離島の話をするとき、毎回言うようになった。

「みなさん、一緒に行きましょう！」と。

じつは、この夢――、少しずつ実現している。三度めの滞在のとき、日本の子どもがツバルの離島で成長していくさまを、ドキュメンタリーとして撮ってくれたテレビ制作会社があった。番組はＷＯＷＯＷで放映されて話題になった。

何がうれしかったといって――。ディレクターとカメラマンという若い日本人ふたりが、ナヌマンガ島での自給自足の暮らしを二ヶ月間、ともにしてくれたことだ。

佐々木紀子ディレクターが「こんなにきれいなござ、ひとつ編んで持って帰りたいなぁ」とつぶやいた。するとマロソーばあちゃん、朝早く起きてキエの葉をとりにいって、ああだこうだとござの前処理を教えはじめた。撮影が忙しくなったら、マロソーはひとりでも、日本に持って帰らせるためのござを朝から晩まで、せっせと編んだ。佐々木ディレクターはいま、「もういちどマロソーに会いたい。プライベートでナヌマンガ島に行きたい」と言っている。

わたしの人生を変えたツバル離島の人びとのもつ力が、かれらの人生にもなんらかの光になっている。それがうれしい。


そして、その番組を録画したものを、食い入るように何回も見た子どもがいた。いつもわたしの悩みをあったかく聴いてくれた母親友だちのひとり、あっちゃんの、八歳になるひとり娘だ。そのうちに、

「あたしも、ツバルの島に行きたい！」

と言いだした。

わたしと娘は、いま四度目のツバル離島滞在に出かけようとしている。

ある日、あっちゃんが言った。

「もなさん（娘）が行きたがってるし、わたしもすごく惹かれる。ツバル、なっちゃんたちについていってみようかな」

おぉ…！　もがきっぱなしの日本での暮らしのなかでも、ほんとうに心の友だと思えるひと。その人とその子どもが、わたしの生きがいの地を一緒に体験してくれるなんて！　わた

しの人生にも、こんな素晴らしい奇跡があるとは——。

いじけっ子のわたしは、あんまりいいことはなんだか信じられない。

離島に行き来する船は数週間に一度。実際はその船の予定もあてにならないツバルでは、どれだけ離島にいられるかわからない。彼らは小学校の夏休みと、その前後を少しだけ休んで一ヶ月半ほどで、ともかく首都から最短でいけるバイツプ島にかけてみることにした。

ふたりはいま、わが家でのツバル語講座に通っている。アクションいっぱいで笑いながらツバル語を練習中だ。

しだれ桜とティアレの花

ツバル離島の話をする会で、こう言われることがある。

「お子さんを連れて、よくへき地の離島に。勇気がありますね」

勇気……？　じつは、わたしには勇気を奮いたたせた記憶など、ついぞないのだ。

おさえて、おさえて、必死でおさえようとしてもガマンができなかったものが、穴からプシューッと出たようなかんじだろうか。

それがわたしそのものだったのだ。わたし以外のものになれと言われて、がんばったけどなれなかったのだ。「いい母親」になろうとしたときは、いろんな非難が恐かった。ああでもない、これではいけない。そして脱落した。わたしはもはや「いい母親」から、はるか遠い。サモアの島に、ツバルの離島に、どうしても、子どもを連れても、行きたかった。どんなに行くまいとしても、それしかできなかったのだ。生きるためには。

気の小さいわたしは、人から非難されたらいまだに落ちこむ。けれども、それはあの、自分ではないものになろうとしてあっちにフラフラ、こっちにフラフラしていたころの「非難恐さ」とは質が違う。落ちこんで、泣いて、立ちあがったときのわたしは、やっぱり暑いサンゴの島でござを編むことが大好きである、世界でたったひとりのわたしでしかないのだ。

非難をする人たちには、わたしの人生も娘の人生も、とって代わることはできない。

もうすぐ一〇歳になろうとしている娘に、ふと聞いた。

「なぁ、なっちゃんのもとに生まれて、ツバルと日本あちこち住んで。よかったと思う？」

「え？　わからへん」

「ほら、〇〇ちゃんや、△△ちゃんみたいにずっと日本がよかったとか」

「ああ……。いや、そうは思わへん。こっちのほうが幸せや」

「なんで、そう思う?」

「ええ〜。わからへん」

「もしずっと日本に住んでたらとか」

「そんな、ありもせぇへんこと、聞かれてもわからへん」

ありもせぇへんこと。

そうなのだ。子どものコトバはするどい。現実にわたしたちが歩んできた道のりはこれなのだから、ありえない過去を考えてもしょうがないのだ。


これからは、成長していく娘とわたしの道は分かれていくだろう。とりあえず、ツバル滞在四回目は、一緒に行くと言ってくれている。が、その次はもうどうかわからない。でもやっぱり、わたしは自分が大好きなことを追わずにはおれないだろう。娘はそんな母を見ながら、人生を考えていくだろう。

この洛北の借家の前の、しだれ桜の老木。今日、花ふぶきが部屋の中まで雪のように舞った。娘はいま、いっぱいの薄いピンクの花びらを集めて遊んでいる。

四ヶ月後にはバイツプ島の青いあおい海の波の声を聴きながら、「モエミティのティアレ」

の気高い香りの白い花の下に、わたしたちはいるのだろうか。

——どちらの木も、わたしたちがその下にいることを、いつでも、ただ揺れて包んでくれるんだろう。どんな人が下にいても、何も言わずに笑って、包んでくれるのだ。

対談

出口和世
×
もんでん奈津代

「ツバルまで行って本を書くような人が、もがいているのが、いい」

初めての「子連れ 南の島暮らし」から戻った著者は、その体験をホームページで発表しようとしたが、最初は書くことが恐くてたまらなかった。そこで門を叩いたのが、カウンセラー・出口和世さんの主宰する「すぺーす・をかし」。以来、よき理解者でありつづける出口さんと、刊行を機に語りあった。

■「共感」が人を耕す

編集 出口さん、今回のもんでんさんの原稿を読んでどう感じられましたか?

出口 バタバタしていたなっちゃんが、とても落ちついてきている。そして、表現が過去形ではなくて「いま」なので、リアリティー感があっていい。

もんでん 書いてみると、わたししって周りにすごく影響されてきたんだなぁと気づきました。何か言われたら、すぐオロオロ……。バッカだなあ、と(笑)。

出口 それが、読む人にとっては助かるの。「バックパックで、ツバルまで行って本書くような人でも、ガタガタするんだ!」って、安心するよね。

もんでん 今回、当時の日記を全部見返したんです。そうしたら、必死で、ぐわーって書いてる。

出口 表現することによって、人はどんどん洗練される。自分を観ることができるから。人間の脳ってすごい。出すと、次の新しいものを生みだすの。だから、喋りつづけ、書きつづければいい。

もんでん　ホームページを読んだ女性たちが「共感した」と言ってくれ、編集者の永野さんが「本にしよう」と来てくれた。初めは「そんな奇跡が!?」と思いました。

出口　共感して聴いてくれる人がいさえすれば、人は耕される。共感ってすごい。Aさん、Bさん、Cさんが、全然違う視点で違うところで共感してくれる。支え手が多いほど人は洗練され、力強く細やかにしなやかになる。そんな仲間をどれだけもてるかが、大事。

もんでん　ホームページも、私ひとりではできなかった。「作ったら」と友だちに奨められ、別の友だちが作り方を教えてくれて。書けないときに、出口さんと出会って。共感といろんな人の力が集まるって、すごいなあ……って。

■その土地にある「美」への畏怖

出口　そういうあなたの謙虚な性格があったから、ツバルに入れたんだと思う。島の集落は伝統的な集団だから、自分たちを侵害したり、変えようとする人は「他者」として扱う。でもあなたはそこの伝統文化を学びたいから、横でずーっと見つめてるんでしょ？　だから彼らは安心して「ナツ、やるかい？」と声をかけ、あなたは「やりたい、やりたい」と言う。

もんでん　まさにそのパターンです。よく想像できますね。

出口　だって、人の心の在り様は世界じゅう一緒でしょ？（笑）　読んでいるとね、彼らが積みあげてきた文化へのなっちゃんの感動や、敬意、畏怖がみえる。それがいちばん大事なことだよね、人と接するとき。そしてあなたは、そこに「美」を見いだす。「きれい（清潔）なもの」は先進国に多いけど、「美しいもの」は世界じゅうにある。

もんでん　そう。島にいると朝から晩まですべてが美しいから、「こんなところで暮らせるなんて、ああ、本当に幸せだ！」と思う。

■大切な「生きていく仲間」

編集　出口さんは、母親としてのもんでんさんの姿を、どう読まれましたか？

出口　なっちゃんは、いわゆる「母」じゃないわね。夢ちゃんとは「一緒に生きてく仲間」みたいな感じでしょ。でも、日本にいると「あんた母親でしょ?」と言われる。だから、日本の社会が期待する親業で、ストレスがかかった。ところがツバルでは、子どもは誰でも世話する。みんなが「生きてく仲間」だから。それで「これだ!」と思ったのよね。

もんでん　子どもの世話って、仲間がないと、ほんとに無理……

出口　無理ですよ。

もんでん　母親友だちのなかでも、母親ひとりが子どもの責任をもつこの日本社会を当然と思っている人はたくさんいました。ひとりで世話するなんていう、無理なことを一生懸命やろうとして、できない自分を責める。

出口　その苦悩は社会が要求しているせいでもあるけど、じつは母親自身のなかにも問題はあるのよ。子どもは、初めてできた自分の自由にできるヒト。だから手元から離したくない、でも誰かに世話してほしい……そういう矛盾した望みをもっている人もいる。

もんでん　あれ?　じゃあ、わたしの問題と他の女性たちの問題は違う?

出口　いや、この本でエネルギーを得る人は絶対いるわね。それとわくわく楽しく、ビタミン剤のように読む人もいるでしょう。免疫力というか、生きる力の支え——それも大事だよね。

■自分の心の問題としてとらえる

編集　出口さんと出会って七年。もんでんさんが変わってきた、という感は?

出口　自己理解が深まっていると思う。ここに来る人はどの人も最初は、自分がうまくいかないのは他人のせいだと思っている。なっちゃんも当時は、「彼がひどいことをした!」と、言ってたのね。視点によってはそうだけど、他人のせいと言っているかぎりは、問題解決は始まらない。でも、自分の心の問題としてとらえられるようになったら、人は自分の人生を歩みはじめる。

もんでん　いやぁ、いまでも「彼が～!」って言ってるなと感じます。

出口　うん、それは消えないの。人格は、絶対消えないから。ただ、そういう自分がみえるのは、違う人格も育ってきているということ。

もんでん　「彼が〜!」って言わない自分になりたいんですけど。

出口　それは、ありえない（笑）。心のストーリーは、変えることはできないの。足すことはできるけど。誰だって人生の嫌なひとコマを消したい、でも消せない。そう感じる「わたし」は、かけがえのない「わたし」で、それをもとに展開していくからこそ、人生は綾織りになっていく。きれいなところだけをとりたいけれど、残念ながらいびつなものも消せないし、生きたすべての一瞬は無駄ではない。美は、いびつさがあってこそのもの。自分のなかでいびつさを洗練させていったときに、美になる。

■「イヤ」があるから、人は進める

もんでん　男なんて切りすてて、自己実現のためにピュンと飛べたら……と思うけど、いまのわたしには全然無理で、まごまごやってる。

出口　脳科学者が言っているけれど、人間はうまくいかないとストレスが生じてくる。でも脳は不満が大好きで、それがないとわたしたちは前進できない。だから「イヤ」が大事なの。「イヤ」があるから、あなたはパワフル。この本ができたのは、あなたに自由と不自由があったから。その拮抗《きっこう》のなかで飛躍するエネルギーが生まれたのでしょう。だから、なっちゃんにとって、夢ちゃんという存在が大事なの。

もんでん　たしかに。子どもを持つ計画じゃなかったけど、もし計画通りにいってたら、こんなに面白い体験はできなかったと思う。

出口　もがいている姿が、共感を呼ぶ。チャップリンも映画で言ってる。——人間ってなんて哀れで愚かで、でもなんと愛しいんでしょ。

もんでん　もがいているといえば、わたしにとって彼との関係は、南の島への移住という夢の障壁になってきたんですが、じつはそんな彼をとても必要としているのを感じます。それをもっと書いたらいいのかな。

出口　それは次に書いたらいいんじゃない?

出口和世（でぐち・やすよ）　小学校の教員を経て、一九八五年に「大人も子どもも、ともに育つ場」として大阪府島本町に「すぺーす・をかし」を開く。アドラー心理学の親学講座やオープンカウンセリングなどを通じ、「自由で自立した出会い」を追求している。
http://homepage3.nifty.com/wokashi/

参　考

筆者が本書に関連して、大変お世話になった施設・サービス、
書籍・資料等を紹介します。
読者のみなさまのお役に立てば、うれしく思います。

自然出産・自宅出産を助けてくれる助産院

□うたな助産所

滋賀県近江八幡市牧町808　TEL 0748-33-6336

□毛利助産所

神戸市東灘区御影石町4-13-3　TEL 078-841-2040

毛利種子さんは、出産する人の好む姿勢で自由に産むという、自然出産の日本におけるパイオニア。その教え子のうたな助産所の堀尾さんと毛利さんに家に来てもらって出産しました。

【第一章 さらば！ 三歳児神話／自分の家、というほら穴で産む】

心の相談の窓口

□レターカウンセリングあのね

送り先：〒607－8791　山科郵便局私書箱27号あのね
※日本家族再生センター：京都市山科区御陵大津畑町38-3
TEL・FAX 075-583-6809
http://kazokusaisei.jimdo.com/ レターカウンセリングあのね /

どんな悩みについても、無料で手紙相談ができます。研修を受けた相談員が返事を書いてくれます。返信用の封筒に住所、氏名（受け取れるなら実名である必要なし）を書いて、80円切手2枚と一緒に同封。

【第一章 さらば！ 三歳児神話／「三歳までは、母親が」って？】

□ライフ・パス・カウンセリング　熊倉慶子

大阪市中央区釣鐘町1-4-3 舟瀬ビル502号　※2010年秋に移転予定
TEL 090-8124-7026　http://www.lifepath.jp/

こちらはインスピレーションを活用した直観法によるカウンセリング。「自分を信頼する」ということを学びます。

【第一章 さらば！ 三歳児神話／大好きなことを、赤ん坊と一緒に】

自立した対人関係や親と子の関係についての学びの場・参考資料 ……………

□STEP 勇気づけセミナー

神奈川県川崎市幸区塚越 4-314-1　本部　株式会社 発心社　STEP 勇気づけセンター
TEL 044-541-2505
※すぺーす・をかし（下記）にても開催

親も子も対等な「仲間」とし、上下関係を廃した革新的で効果的な親子関係・対人関係のコミュニケーション講座です。互いに自立した人間関係を大切にします。

(STEP = Systematic Training for Effective Parenting)

□すぺーす・をかし

大阪府三島郡島本町広瀬 1-3-21　TEL 075-962-1765（出口）
http://homepage3.nifty.com/wokashi/

個でありつづけながら、仲間と協力して生きていくことを目標に、自己観察・対人関係のさまざまなレッスン・プログラムを実施。

【以上　第五章 南の島の愛情を日本にも／子どもの世話はおおぜいで！】

・おぐにあやこ 著『ベイビー・パッカーで行こう』（日本評論社）
【第一章 さらば！ 三歳児神話／本が心を揺さぶるときは】

自由と責任の教育・フリースクールの窓口・参考資料 ……………………

□フリースクール わく星学校

京都市左京区岩倉長谷町 745　TEL 075-702-7338　事務局：京都市左京区北白川西町 85-3　山下敬子方　TEL 075-722-4579　http://www2.gol.com/users/kosa/

洛北・岩倉の豊かな自然のなかで、決まったカリキュラムに縛られず、子どもが自分たちの学びを自分たちで計画・実行していく自由学校です。豊かな人生を子どもたち自身で切り拓いていくことを目標にしています。

・A.S. ニイル 著『新訳ニイル選集』（黎明書房）
サマーヒル・スクール http://www.summerhillschool.co.uk/

・ダニエル・グリーンバーグ 著 『世界一素敵な学校―サドベリー・バレー物語』（緑風出版）
サドベリー・バレー・スクール http://www.sudval.org/01_abou_01.html
【以上　第五章 南の島の愛情を日本にも／花を摘む子ども時代　―ツバルの離島と日本で―】

カップル間の取り決めや婚姻制度についての相談窓口・参考資料 ……………

□京都府男女共同参画センター

京都市南区東九条下殿田町 70 京都テルサ 東館 2 階
TEL 075-692-3437（女性相談窓口）　http://www.kyoto-womensc.jp/

「女性相談」の［法律相談］では、女性弁護士が、既婚・未婚を問わず同居男女の経済の法的な扱いについて解説してくれました。

【第一章 さらば！ 三歳児神話 ／大好きなことを、赤ん坊と一緒に】

・桐田史恵 著　冊子『婚姻制度をしっていますか？』
※「陽のあたる毛の会」ホームページ（http://hinoataruke.org/）にも全文掲載。
結婚とは？　非婚とは？　社会が提供するシステムを利用することの意味とは？
桐田史恵さんが多くの法的解説も交えて問題提起しています。
冊子の注文（カンパ制）・問い合わせは、f-kikaku@live.jp まで。
【第一章 さらば！ 三歳児神話／恋という落とし穴】

コラム 母性愛神話のウソ（p.36）の出典資料

・ヴァン・デン・ベルク 著『疑わしき母性愛―子どもの性格形成と母子関係』（川島書店）

・荻野美穂 著『ジェンダー化される身体』（勁草書房）

・野田俊作 著『続アドラー心理学トーキングセミナー―勇気づけの家族コミュニケーション』（アニマ 2001）p.63

コラム「沈む島・ツバル」の新事実について（p.156）の出典・参考資料

1. Arthur Webb, 2006 'Tuvalu Technical Report-Coastal change analysis using multi-temporal image comparisons - Funafuti Atoll' EU EDF 8/9 SOPAC Project Report 54, Reducing Vulnerability of Pacific ACP States
※下のウェブサイトにてダウンロードできます。
http://docs.tuvaluislands.com/2006_Funafuti_Coastal_Change_Report_ER0054.pdf

2. ウェブサイト「ツバル写真集・地球温暖化でツバルは沈むか？」より
「なぜ浸水するのか？」「なぜ侵食されるのか？」のページ
http://ncc1701d.bufsiz.jp/16/16.html

3. Hiroya Yamano, Hajime Kayanne, Toru Yamaguchi, Yuji Kuwahara, Hiromune Yokoki, Hiroto Shimazaki and Masashi Chikamori, 2007 'Atoll island vulnerability to flooding and inundation revealed by historical reconstruction: Fongafale Islet, Funafuti Atoll, Tuvalu' Global and Planetary Change Volume 57, Issues 3-4, June 2007, Pages 407-416
※ Science Direct で購入できます。http://www.sciencedirect.com/

4. 小林泉「水没国家 ツバルの真実」『国際開発ジャーナル』2008 年 8 月号—11 月号
※ Fujisan.co.jp でバックナンバーの購入ができます。http://www.fujisan.co.jp/

5. Peter McQuarrie, 1994 'Strategic Atolls: Tuvalu and the Second World War' Macmilllan Brown Centre for Pacific Studies University of Canterbury and Institute of Pacific Studies University of the South Pacific

謝　辞

― 心からの感謝をこめて ―

本文中や「参考」にお名前が登場する方々以外にも、たくさんの方の多大なご助力のおかげで、この本ができました。お名前をここに挙げ、心からの感謝を表したいと思います。（敬称略）

❖ 刊行のためにご助力くださったり、執筆中に情報やアドバイス・ご意見・応援をくださった

吉岡民夫　上野修平　松尾喬　宮澤豊考　佐藤威一郎　山下真己実　舟橋左斗子　安田洋子
千原渉　寺川和江　伊藤桃子　人文書院の皆様　上野かおる　村井ひとみ

❖ サモアやツバルに関する発表活動を一緒にしてくださった、また手伝ってくださった

小川恭平　佐々木彩　佐藤友子　大谷心基　大谷若菜　鈴鹿樹里　隅岡敦史　虫賀宗博
安井雅子　阿部ひろ江　岡本晃明　中野有　田中求　東川恵理子　Leah Gershtein
Paul Jaffe　呉明子　川辺周一　川村英一　Fredy Florez　松田浩志　前田孝一
日本バプテスト京都教会の皆様　ブール学院大学 ASK の皆様

❖ ツバルに関して惜しみなく情報交換をしてくだった

小川和美　茅根創　小林泉　三村信男　杉谷恵吾　小林誠　荒木晴香　阿南正典　川阪京子
真下弥生　吉田真理子　河合渓　岡山俊直　遠藤秀一

❖ カウンセラー・セラピストとして示唆に富んだアドバイスをくださった

吉永沙母　吉永光慶　郷君代　左古かず子

❖ 人生の先輩として、またよき友人として、心の資料を紹介してくれたり、母親として支えあったり、保育園に関する情報をくれたり、精神的に深いところから支えてくれた

伊藤敦子　辻中育子　Lang 加代子　石田育子　窪井千鶴子　木原弘恵　小菅香織
永井未来子　藤木敦子　斉藤和美　田中愛子　堂下まみ子　山崎ゆき　藤村ゆみえ
喜多千紗子　日野安彦　日野れい子　岡崎里栄　Elena Gallego

❖ 発表活動に躊躇するわたしの背中を押してくれ、あらゆる方面でサポートしてくれた（本書 p.184・223 の写真も提供）

加藤わこ（ブログ「加藤わこ三度笠書簡」）

❖ この本を企画してくださり、出版のために 1 年以上、奔走してくれた

永野香

本文や参考でご紹介した方々と、上記の方々に、サモア・ツバルからのたくさんの愛とともに、本書を捧げます。

ほんとうに、どうもありがとうございました。

もんでん奈津代

著者紹介

もんでん 奈津代（もんでん・なつよ）

撮影：辻中育子

1967年生まれ。南太平洋生活研究家・ツバル語通訳。早稲田大学で文化人類学・言語学を専攻。卒業後、マーケティング、英語教師、日本語教師、翻訳などの仕事に就くかたわら、ソロモン諸島マライタ島、フィリピン、バリ島などでホームステイをしながら現地の言葉を習得し、生活文化を記録していく。

娘が1歳のときにサモアに子連れで滞在。その後ツバルの離島に魅了され、母子で長期滞在を繰り返し、同地の文化・民族美の探究を続けている。現地ではNHKスペシャルほか、テレビ・新聞の取材コーディネートを10数本請負った。

また、子どもを連れてのツバル・ナヌマンガ島暮らしの様子は2008年10月WOWOW「～クエスト　探求者～夢菜・7歳の島」として放映され、話題を呼んだ（テレビカメラがこの島に入ったのは、史上初）。

著書に、日本初のツバル語入門書『ツバル語会話入門』（キョートット出版）。

- 天国に一番近い島ツバルにて
  http://monden.daa.jp/tuvalu.html
- 南の島 子連れ滞在記 ―サモアのびっくり暮らしと子育て―
  http://monden.daa.jp/

[子連れ 南の島暮らしの軌跡]

2002	1歳の娘を連れて、サモアの村に滞在（3ヶ月）
2003	サモア体験をホームページ「南の島 子連れ滞在記」で発表
2004	4歳の娘を連れてツバルに1回目の滞在 （9ヶ月。首都フナフチ、バイツプ島、ナヌマンガ島）
2005	ホームページ「天国に一番近い島ツバルにて」を立ち上げる。
2006	5歳の娘を連れて ツバルに2回目の滞在（5ヶ月。首都フナフチ、バイツプ島）
2007	『ツバル語会話入門』執筆、京都でツバル写真展・ビデオ上映会開催
2008	7歳の娘を連れて3回目のツバル滞在（9ヶ月。ナヌマンガ島、バイツプ島）
2009	京都・大阪でツバル写真展・ビデオ上映会開催
2010	10歳の娘を連れて4回目のツバルへ旅立つ予定

子《こ》連《づ》れ 南《みなみ》の島《しま》暮《ぐ》らし
――南太平洋のゆる～り子育て体験記

2010年6月20日 印刷
2010年6月30日 発行

著　者　もんでん奈津代
発行者　渡辺博史
発行所　人文書院
京都市伏見区竹田西内畑町9
電話075-603-1344　振替01000-8-1103

編　集　永野香（有限会社アリカ）
装　幀　上野かおる（鷺草デザイン事務所）
本文デザイン・組版　村井ひとみ（株式会社桜風舎）

印　刷　創栄図書印刷株式会社
製　本　坂井製本所

落丁・乱丁は小社負担にてお取替えいたします。
http://www.jimbunshoin.co.jp/

ISBN 978-4-409-16094-7　C0095